jamie
& friends

Fleisch & Fisch

jamie
& friends

Willkommen

© David Loftus

Ob Fleisch oder Fisch, hier zählt nur eines: Qualität. Falls es Ihr Budget nicht erlaubt, täglich hochwertige Produkte zu kaufen, sollten Sie einfach seltener Fleisch oder Fisch essen: zwei oder drei Tage pro Woche »ohne« sind sehr gut! Lassen Sie sich von Ihrem Metzger oder Fischhändler beraten, um nur beste Produkte zu kaufen. Nachfolgend finden Sie die Lieblingsrezepte des Teams des *Jamie Magazine*. Probieren Sie sie aus! Sicher werden sie auch in Ihrer Küche zu Klassikern.

Jamie O xx

Jamie Oliver ist ein Phänomen in der Kochwelt. Er gehört zu den beliebtesten Persönlichkeiten im Fernsehen und zu den bekanntesten Gesichtern Großbritanniens.

Jamie hat die Menschen dazu gebracht, mehr Zeit in der Küche zu verbringen und sogar ihre eigenen Gemüsegärten zu pflegen. Seine Sendungen werden in über 100 Ländern ausgestrahlt, darunter Deutschland, USA, Australien, Südafrika, Brasilien, Japan und Island. Seine Kochbücher werden in mehr als 30 Sprachen übersetzt und sind weltweit Bestseller.

Die Restaurantkette *Jamie's Italian* ist im Vereinigten Königreich äußerst beliebt. Das 2002 eröffnete Restaurant The Fifteen ermöglicht benachteiligten jungen Menschen eine Ausbildung in den drei über die Welt verteilten Lokalen, die nur hochwertige Produkte verwenden. Sein neues Londoner Restaurant, Barbecoa, wurde in Zusammenarbeit mit dem amerikanischen Koch Perry Lang eröffnet. Jamie pendelt zwischen London und Essex. Er ist verheiratet mit Jools und hat vier Kinder: Poppy, Daisy, Petal und Buddy.

16

27

42

47

71

76

INHALT

© David Loftus

FLEISCH

REZEPTE

Brathähnchen für Zwei • Mit Backpflaumen und Sardellen gespickte Lammkeule • Rinderbraten • Glasierter Schinkenbraten mit Pflaumen • Rinderbrust mit Bohnen und Knoblauch • Weihnachtlicher Rehbraten • Schweinebraten • Gegrilltes Flank Steak • Steak nach Brathähnchenart • Pfeffersteak vom Rind • Mariniertes Flank Steak auf Tortillas • Fasan mit Edelkastanien • Rinderschmorbraten mit Dunkelbier • Gratin mit Cumberland-Wurst • Hähnchenauflauf mit Wildpilzen und Liebstöckel • Geschmortes Wildkaninchen • Mit Cidre und Zimt geschmorter Schweinebraten • Stifado vom Rind • Kapama mit Kalbfleisch • Lagoto mit Lamm • Schweinefleisch mit Lauch • Rindereintopf mit Quitten • Texanischer Chilitopf • Hühnersuppe mit Kokosmilch

BRATEN UND GEGRILLTES

© David Loftus

Ich liebe die Rituale bei der Zubereitung von Fleisch – doch am meisten mag ich Konsistenz und Geschmack des fertigen Gerichts.

Für 2 Personen

BRATHÄHNCHEN FÜR ZWEI

von Jamie Oliver

ZUTATEN

- Olivenöl
- 1 Birne, geschält, Kerngehäuse entfernt, Fruchtfleisch gehackt
- 1 Handvoll Edelkastanien, vakuumverpackt
- ½ Zwiebel, fein gehackt
- 2 Knoblauchzehen, geschält
- 1 Stängel Salbei, nur die Blätter
- 1 großes Stück Butter
- 150 g Geflügelleber, faserige Teile entfernt
- Salz und Pfeffer
- 1 Schuss Cognac
- 1 Handvoll getrocknete Cranberrys
- 1 Hähnchen (etwa 1,6 kg)
- 1 Orange, in 6 Teile geschnitten
- 6 Scheiben ungeräucherter Speck
- einige Zweige Thymian

1 Eine Pfanne bei mittlerer Hitze erhitzen, etwas Öl hineingeben und darin Birnenstücke, Kastanien, Zwiebel, Knoblauch und Salbei sanft 15 Minuten weich braten. Die Butter zugeben, die Zutaten an den Rand schieben und die Geflügelleber in die Pfanne geben. Kräftig mit Salz sowie Pfeffer würzen und 1 Minute anbraten. Anschließend Cognac zugießen und rühren. Die Leber bei starker Hitze höchstens 4 Minuten braten, sodass sie innen noch rosa ist. Sie geht dabei etwas auf. Nicht zu lange braten, sonst wird sie fest, sie soll aber weich bleiben.

2 Alles in der Küchenmaschine zu einer cremigen Mischung verarbeiten, die jedoch etwas Textur behalten soll. Cranberrys untermischen. Die Lebermischung auf einem Teller verteilen und zum Abkühlen einige Minuten in den Kühlschrank stellen.

3 Den Backofen auf höchster Stufe vorheizen. Die Finger vorsichtig zwischen Haut und Fleisch der Hähnchenbrust schieben und so eine Tasche bilden. Die Leberfüllung in die Tasche geben, die Haut darüberziehen und mit Zahnstochern befestigen. Mit Olivenöl beträufeln und gründlich mit Salz sowie Pfeffer würzen, dabei das Fleisch mit Gewürzen einreiben. Möglichst viele Orangenstücke in die Bauchhöhle des Hähnchens geben – dabei jedoch ausreichend Platz lassen, damit die Luft zirkulieren kann. Anschließend das Hähnchen in eine Bratform legen.

4 Die Form in den Backofen schieben, die Temperatur auf 190 °C reduzieren und das Hähnchen 1 Stunde 20 Minuten braten. Nach der Hälfte der Garzeit die Hähnchenbrust mit Speck belegen und die Form wieder in den Ofen stellen. Nach Ende der Garzeit das Hähnchen aus dem Ofen nehmen und auf einem Brett ruhen lassen, bevor es aufgeschnitten wird. Mit Thymian bestreut servieren.

Dieses Rezept mag etwas merkwürdig erscheinen, aber glauben Sie mir, es steckt voll intensiver Aromen. Das Obst liefert eine süße Note, während die Sardellen für einen köstlichen pikanten Geschmack sorgen.

Für 10 bis 12 Personen

MIT BACKPFLAUMEN UND SARDELLEN GESPICKTE LAMMKEULE

von Jamie Oliver

ZUTATEN

- Salz und Pfeffer
- 1,75 kg neue Kartoffeln
- 3 Zitronen, halbiert
- 10 kleine Zweige Rosmarin, 5 davon in 3 Stücke geschnitten
- 1 Lammkeule (etwa 3 kg)
- 10 Backpflaumen, entsteint
- 3–4 Sardellenfilets, jeweils halbiert oder in 3 Stücke geschnitten
- 3–4 Knoblauchzehen, geschält und klein geschnitten
- 10 Scheiben durchwachsener Speck
- Olivenöl, zum Beträufeln

1 Den Backofen auf 180 °C vorheizen. In einen Topf kochendes Wasser gießen, 1 Prise Salz zugeben und die Kartoffeln darin 10–12 Minuten blanchieren, sie sollen gerade etwas weich werden. Abgießen und in eine große Bratform geben. Mit einem Löffelrücken vorsichtig auf die Kartoffeln drücken, bis sie aufplatzen. Die Zitronenhälften und die 5 ganzen Rosmarinzweige darauf verteilen und kräftig mit Salz sowie Pfeffer würzen.

2 Mit einem scharfen, spitzen Messer die Haut und das Fleisch der Lammkeule auf der Oberseite zehn Mal 4 cm tief einschneiden. Diese Schnitte mit einem Finger erweitern.

3 Eine Backpflaume nehmen und die Messerspitze in der Öffnung drehen, sodass diese größer wird. In diese Öffnung 1 Stück Rosmarin, 1 Stück Sardelle und 1 Knoblauchstück schieben. Alles in 1 Speckscheibe wickeln. Die anderen Backpflaumen ebenso vorbereiten. Dann je 1 Backpflaume fest in einen Einschnitt in der Lammkeule drücken. Während der Bratzeit geben die Pflaumen ihre Aromen ans Fleisch ab. Die Lammkeule auf die Kartoffeln legen.

4 Die Lammkeule mit etwas Olivenöl beträufeln, das Öl gut einreiben und das Fleisch mit Salz sowie Pfeffer würzen. Anschließend im Backofen etwa 1 Stunde 45 Minuten braten, bis die Lammkeule gebräunt und aromatisch ist, dabei von

© David Loftus

Zeit zu Zeit mit Bratensaft begießen. Auf die Rosmarinzweige achten, die aus den Einschnitten im Fleisch ragen – falls sie anbrennen, mit Öl beträufeln und wieder in die Einschnitte schieben.

5 Einen Metallspieß in den dicksten Teil der Lammkeule stechen. 10 Sekunden warten, dann herausziehen und an die Lippe halten. Ist der Spieß heiß, ist das Lamm gar. Ist der Spieß lauwarm oder kalt, die Form weitere 10 Minuten in den Backofen stellen, dann erneut prüfen. Die fertig gebratene Keule vor dem Aufschneiden auf einem Brett oder Teller ruhen lassen. Mit den zerdrückten neuen Kartoffeln und den gebratenen Zitronen servieren. Die Zitronen dann am Tisch direkt über dem Lammfleisch ausdrücken.

Wenn Sie das Fleisch bei niedriger Temperatur langsam schmoren, bekommt es eine schöne Kruste, ohne zu verbrennen. Dabei wird das Fleisch gegart, hat also keine roten Stellen mehr, bleibt aber weich.

Für 8 bis 10 Personen

RINDERBRATEN

von Jamie Oliver

ZUTATEN

- 8 EL Worcestersauce
- 2 EL englischer Senf oder anderer scharfer Senf
- einige Zweige Rosmarin, von 2 Nadeln abgezupft und gehackt
- Olivenöl
- Salz und Pfeffer
- 3 Knoblauchzehen, zerdrückt
- 3kg Rinderbraten (Hochrippe)
- 2 EL flüssiger Honig

1 Für die Marinade Worcestersauce, Senf und gehackten Rosmarin in einer kleinen Schüssel mit etwas Olivenöl, 1 Prise Salz und Pfeffer mischen. Den Knoblauch dazugeben und alles zu einer Paste vermischen. Das Rindfleisch mit einem Viertel der Marinade einreiben und bei Zimmertemperatur etwa 1½ Stunden ziehen lassen, damit es die Aromen aufnehmen kann.

2 Wenn das Fleisch fertig mariniert ist, den Backofen auf höchster Stufe vorheizen. Das Rindfleisch in eine Bratform legen und in den sehr heißen Ofen schieben. Nach 20 Minuten großzügig mit restlicher Marinade bestreichen, Rosmarinzweige zugeben und die Form wieder in den Ofen schieben. Die Temperatur sofort auf 160 °C reduzieren und etwa 2 Stunden braten, dabei das Fleisch nach jeweils 20 Minuten mit Bratsaft begießen, damit sich eine schöne braune Kruste bildet.

3 Etwa 15 Minuten vor Ende der Bratzeit folgt der letzte Schliff: Den Honig über dem Braten verteilen – er macht den Braten etwas klebrig, dunkel und köstlich. Wenn der Braten den gewünschten Gargrad erreicht hat, aus dem Ofen nehmen und vor dem Aufschneiden einige Minuten auf einem Brett ruhen lassen. Mit leckeren im Ofen gebratenen Karotten, Knoblauchknollen und Schalotten servieren.

Für 6 Personen

GLASIERTER SCHINKENBRATEN MIT PFLAUMEN

von Jamie Oliver

ZUTATEN

- 1 Schinkenbraten vom Schwein (etwa 3 kg)
- 1 EL ganze schwarze Pfefferkörner
- 1 Zwiebel, geviertelt
- 1 Kräutersträußchen (1 Stück Lauch, 1 Stück Sellerieknolle, 1 Lorbeerblatt und 1 Zweig Thymian, mit Küchengarn zusammengebunden)
- 100 g Pflaumenkonfitüre + Konfitüre für die Sauce
- ½–1 TL Chiliflocken
- Weißweinessig

1 Den Backofen auf 160 °C vorheizen. Den Schinken zusammen mit Pfefferkörnern, Zwiebel und Kräutersträußchen in eine Bratform legen. Die Form bis auf halbe Höhe mit Wasser füllen. Den Schinken großzügig mit Alufolie abdecken, damit der Dampf darunter zirkulieren kann. 1½ Stunden im Backofen garen, bis der Schinken rosa und durchgegart ist. Aus dem Ofen nehmen, wieder abdecken und 20–30 Minuten abkühlen lassen.

2 Sobald der Schinken abgekühlt ist und man ihn anfassen kann, die Schwarte abziehen, dabei eine dünne Fettschicht stehen lassen. Mit einem scharfen Messer das Fleisch rautenförmig leicht einschneiden.

3 Den Schinken weitere 30 Minuten in den Backofen stellen und die Temperatur auf 200 °C erhöhen, damit die Fettschicht bräunt. Aus dem Ofen nehmen, mit Konfitüre bestreichen und mit Chiliflocken bestreuen. Den Schinken weitere 30–40 Minuten in den Backofen schieben und nach jeweils etwa 10 Minuten erneut bestreichen, damit er knusprig braun wird und die Glasur karamellisiert. Wenn der Schinken den gewünschten Gargrad erreicht hat, aus dem Ofen nehmen und vor dem Aufschneiden einige Minuten auf einem Brett ruhen lassen.

4 Um den Bratensaft zu verwenden, 1 ordentlichen Schuss Essig hineingießen. Den Bratensatz abschaben und alles gut verrühren, damit sich die Bratensäfte verbinden, dann probieren. Falls die Sauce zu sauer ist, nach Geschmack etwas Pflaumenkonfitüre einrühren. Den Schinken mit dem Bratensaft, einer Cranberrysauce und einem Salat aus feinen Apfelstiften mit Minze und Chili servieren.

Für 9 bis 10 Personen

RINDERBRUST MIT BOHNEN UND KNOBLAUCH

von Adam Perry Lang

ZUTATEN

Für die Rinderbrust
- 1,5–2kg Rinderbrust (Brustspitze) mit einer dünnen Fettschicht
- Meersalz
- Blättchen von einigen Zweigen Majoran, zum Garnieren

Für die Gewürzpaste
- 6 EL amerikanischer Senf, Savora-Senf oder anderer milder Senf
- 1 EL Worcestersauce
- 4 EL edelsüßes geräuchertes Paprikapulver
- 2 EL gemahlener Chili
- 1 EL Knoblauchgranulat (oder Knoblauchpulver)
- 1 EL Cayennepfeffer
- frisch gemahlener Pfeffer

Für die Glasur
- 125 ml Honig
- 100 g Rohrzucker
- 2 EL zerlassene Butter

Für das Bohnenragout
- 500 g weiße Cannellini-Bohnen, über Nacht in Wasser eingeweicht
- 3 Knoblauchzehen, gerieben
- 1 große weiße Zwiebel, sehr klein geschnitten
- ½ EL getrockneter Oregano
- 3 EL natives Olivenöl extra
- 1 l Hühnerbrühe
- Salz und Pfeffer

Für den konfierten Knoblauch
- 30 Knoblauchzehen, geschält
- 500 ml natives Olivenöl extra
- je 1 Zweig Rosmarin, Thymian und Salbei

1 Den Backofen auf 150 °C vorheizen. Für die Gewürzpaste alle Zutaten mit 125 ml Wasser sowie frisch gemahlenem Pfeffer mischen und gut verrühren. Die Paste auf der Rinderbrust verteilen. Das Fleisch auf einen Grillrost legen, eine Fettauffangschale darunterstellen und 1½ Stunden im Ofen garen.

2 Inzwischen alle Zutaten für die Glasur mit 2 Esslöffeln Wasser mischen. Das Fleisch aus dem Ofen nehmen, jede Brustspitze auf Alufolie legen. Das Fleisch mit der Paste bestreichen, in die Alufolie wickeln und wieder in den Backofen geben.

3 Alle Zutaten für das Bohnenragout zusammen mit 1 Liter Wasser in einen hohen Topf geben. Aufkochen und weich köcheln lassen. Den dabei entstehenden Schaum von der Oberfläche abschöpfen.

4 Während Fleisch und Bohnen garen, den Knoblauch zubereiten. Alle Knoblauchzehen, Olivenöl, Rosmarin, Thymian und Salbei in einen Topf geben. Bei sehr niedriger Hitze 1 Stunde köcheln, bis die Knoblauchzehen weich sind. Im Öl sollen sich Blasen bilden, es soll jedoch nicht die Temperatur von Frittierfett erreichen.

5 Das Fleisch nach 1½ Stunden Garzeit aus dem Ofen nehmen, Alufolie entfernen und wieder auf den Grillrost legen. Noch 20 Minuten bei 150 °C im Ofen lassen, damit die Glasur karamellisiert.

© Simon Wheeler

6 Nach 1½ Stunden Kochzeit sollten die Bohnen gar sowie weich sein und das Kochwasser weitgehend aufgesaugt haben: Ist noch zu viel Flüssigkeit vorhanden, etwas Wasser abgießen. Die Hälfte der Bohnen aus dem Topf nehmen und mit einem Kartoffelstampfer zu einem glatten Püree zerdrücken, anschließend wieder mit den übrigen Bohnen im Kochtopf mischen. Kräftig mit Salz und Pfeffer würzen und bis zum Servieren warm halten.

7 Die Rinderbrust gegen die Faser in 5 mm dicke Scheiben schneiden. Nach Geschmack mit etwas Meersalz würzen. Das Fleisch auf dem Bohnenragout anrichten, konfierten Knoblauch dazugeben und mit Majoranblättchen bestreut servieren.

Für 8 Personen

WEIHNACHTLICHER REHBRATEN

von Jamie Oliver

ZUTATEN

- 3 Stangen Staudensellerie, grob gehackt
- 3 Karotten, längs halbiert
- 1 Knoblauchknolle, quer halbiert
- 2 Zwiebeln, mit Schale geviertelt
- 3 Lorbeerblätter
- Olivenöl, zum Beträufeln
- 1 Rehkeule (etwa 3,5 kg)
- 1 großes Glas Weißwein (etwa 200 ml)
- Salz und Pfeffer
- 850 g Schwarzkirschen (aus dem Glas), entsteint
- 1 Stange Zimt
- 100 g Rohrzucker
- ein daumengroßes Stück frischer Ingwer, geschält
- 1 Bio-Orange

1 Den Backofen auf 170 °C vorheizen. Das Gemüse muss nicht geschält werden – einfach waschen und grob hacken. Sellerie, Karotten, Knoblauch, Zwiebeln und Lorbeerblätter in die Mitte einer großen Bratform geben, mit etwas Olivenöl beträufeln und mischen. Die Rehkeule auf das Gemüse legen, mit Wein begießen, salzen und pfeffern. Mit Alufolie zugedeckt 3½ Stunden im Backofen garen.

2 Nach 2½ Stunden Garzeit einen kleinen beschichteten Topf bei niedriger Hitze erhitzen und die Kirschen mit Saft in den Topf geben. Zimt und Zucker dazugeben. Ingwer sowie Orangenschale fein reiben und hinzufügen. Die Orange halbieren und den Saft zu den Kirschen pressen. Alles 20–25 Minuten köcheln lassen, bis die Kirschen klebrig und köstlich sind.

3 Den Braten aus dem Backofen nehmen, Alufolie vorsichtig entfernen und die Kirschmischung über dem Fleisch verteilen. Weitere 20 Minuten in den Backofen stellen, damit alles karamellisiert. Mit cremigem Püree und geschmortem Kohl servieren und mit der Sauce begießen.

Für 10 Personen

SCHWEINEBRATEN

von Jamie Oliver

ZUTATEN

- 3 kg Schweineschulter, ohne Knochen und gerollt
- 3 EL Meersalz
- 3 EL Rohrzucker
- 1 EL Fenchelsamen
- 1 EL Selleriesamen oder 1 TL Selleriesalz
- 3 EL Weißweinessig
- Pfeffer
- frisch geriebene Muskatnuss
- 2 Lorbeerblätter
- 4 Knoblauchzehen, ungeschält
- fein gehackte Blätter von 2 Stängeln Salbei
- fein gehackte Blätter von 2 Zweigen Oregano
- hellgrüne Blätter von 1 Sellerieknolle
- 75 g Aprikosenkonfitüre
- 1 große Prise Selleriesalz

1 Um die Oberfläche des Fleisches zu vergrößern, Schwarte und Fleisch über die gesamte Fläche einschneiden. Fleisch in eine große Schüssel legen. Salz und Zucker in einem großen Messbecher mit 100 ml kochendem Wasser mischen. Zum Auflösen gut rühren, dann mit kaltem Wasser auf 1 Liter auffüllen. Fenchel- und Selleriesamen in einem Mörser zerstoßen, anschließend zusammen mit dem Weißweinessig, 1 großen Prise Pfeffer und reichlich Muskat in den Messbecher geben. Lorbeerblätter, Knoblauch, Salbei, Oregano und Sellerieblätter im Mörser gründlich zerkleinern und mischen, um möglichst viele Aromen freizusetzen. Die Mischung anschließend in den Messbecher geben. Den Sud über das Fleisch gießen und dieses im Kühlschrank 3–24 Stunden marinieren.

2 Den Backofen auf höchster Stufe vorheizen. Das Fleisch abtropfen lassen und mit Küchenpapier trocken tupfen. Mit der Schwarte nach oben in eine Bratform legen und 20 Minuten braten, damit die Schwarte aufgeht und knusprig wird. Die Temperatur auf 150 °C reduzieren und das Fleisch 1½–2 Stunden weiterbraten, bis es weich und gar ist.

3 Etwa 20 Minuten vor Ende der Bratzeit folgt der letzte Schliff. Das Fleisch großzügig mit Aprikosenkonfitüre bestreichen und mit Selleriesalz würzen. Wieder in den Backofen stellen, damit es schön klebrig und köstlich wird. Den Schweinebraten mit Fenchel und Bratkartoffeln servieren, dazu scharfen Senf reichen.

Für 6 Personen

GEGRILLTES FLANK STEAK

von Adam Perry Lang

ZUTATEN

- 2 Flank Steaks (Rinderlappen; insgesamt 2 kg), in 10 cm dicke Stücke geschnitten

Für die Marinade

- 75 ml Pflanzenöl
- 75 ml Apfelessig
- 2 EL frisch gepresster Zitronensaft
- 1 EL Worcestersauce
- 1 EL Chilisauce
- 1 EL leichte Sojasauce
- 1 kleine Zwiebel, gerieben
- 5 Knoblauchzehen, geschält und grob gehackt
- 3 gestrichene EL Rohrzucker
- 2 EL amerikanischer Senf, Savora-Senf oder anderen milden Senf
- 1 EL Chiliflocken
- 2 EL frische Thymianblättchen
- Meersalz

Für den Salat

- 1 Friséesalat, gewaschen und trocken geschleudert
- 2 große Handvoll Wilde Rauke, gewaschen und trocken geschleudert
- 2 große Handvoll Feldsalat, gewaschen und trocken geschleudert
- 2 EL körniger Senf
- 60 ml Rotweinessig
- 1 EL fein gehackte Schalotten
- 120 ml natives Olivenöl extra
- Meersalz, frisch gemahlener Pfeffer

Für die aromatisierte Butter

- 8 EL zerlassene Butter
- 1 kleines Bund frische glatte Petersilie
- 1 EL frisch gepresster Zitronensaft
- 4 Knoblauchzehen, zerdrückt
- 1 EL getrockneter Oregano
- 1 EL Chiliflocken, zerstoßen

Für die Würzmischung

- 2 EL Chilipulver
- 1 EL frisch gemahlener Pfeffer
- ½ EL Meersalz

Für das Schnittlauchöl

- 120 ml natives Olivenöl extra
- 2 EL Schnittlauchröllchen
- 1 EL Zitronensaft

1 Für die Marinade alle Zutaten in einer Küchenmaschine mit 250 ml Wasser und Meersalz nach Belieben mischen. Die Fleischscheiben in eine Schüssel legen und mit der Marinade begießen. Mindestens 3 Stunden (am besten 6 Stunden, jedoch nie länger als 24 Stunden) marinieren.

2 Die Salatblätter in einer großen Schüssel mischen. Für die Vinaigrette in einer kleinen Schüssel Senf, Essig, Schalloten und Öl mischen. Die Salatsauce nach Geschmack mit Meersalz und frisch gemahlenem Pfeffer würzen. Bis zum Servieren beiseitestellen.

3 Vor dem Anbraten des Fleisches die aromatisierte Butter zubereiten. Die Butter mit den anderen Zutaten mischen und beiseitestellen. Die Gewürze für die Würzmischung mischen.

© Simon Wheeler

4 Das Fleisch aus der Marinade nehmen, mit Küchenpapier trocken tupfen und mit der Würzmischung bestreuen. Eine Grillpfanne bei starker Hitze erhitzen. Die Fleischstücke dann bei mittlerer Hitze von jeder Seite 8 Minuten braten, das Fleisch dabei nach jeweils 2 Minuten wenden und jedes Mal mit aromatisierter Butter beträufeln. Das Fleisch soll gut gebräunt, aber nicht verbrannt sein.

5 Zum Servieren die Fleischstücke in Scheiben schneiden. Den Salat mit der Marinade mischen und mit dem Fleisch auf Teller verteilen. Für das Schnittlauchöl Olivenöl, Schnittlauch sowie Zitronensaft mischen und damit Fleisch und Salat beträufeln.

Für 6 Personen

STEAK NACH BRATHÄHNCHENART

von Adam Perry Lang

Das Gericht heißt so, weil seine würzige Kruste an ein Brathähnchen erinnert. Adam hat das Braten von Steaks nach Brathähnchenart auf einer Ranch in New Mexiko gelernt. Dort verliebte er sich zudem in das Barbecue: »Dort haben sie das Rezept mit einem dickeren Steak zubereitet, ich mag ein dünner geschnittenes lieber, weil es die Gewürze besser aufnimmt.« Er erklärt, dass die Sauce mit Kaffee zubereitet wird, weil die Rancher rund um das Feuer sitzen und ihren Kaffee zum Ablöschen der Pfanne verwendeten. »Kaffee und Rindfleisch haben beide einen intensiven Geschmack, die Sahne dient als Ausgleich.«

ZUTATEN

- 1kg Rinderhüfte, in 6 Stücke geschnitten und auf 5mm flach geklopft
- 3 Eier
- 500ml Pflanzenöl zum Braten

Für das Gemüse

- 4 Scheiben Speck, je in 3 Stücke geschnitten
- 1 EL Pflanzenöl
- 6 Knoblauchzehen, geschält und grob zerkleinert
- 800g grünes Bittergemüse (z.B. Grünkohl, Schwarzkohl oder Senfblätter), gründlich gewaschen und in grobe Streifen geschnitten
- 250ml Hühnerbrühe
- Salz und Pfeffer

Für das Püree

- 1kg Kartoffeln mit dünner Schale, nach Belieben geschält
- Salz
- 120g Sahne
- 3 EL Butter
- Salz und Pfeffer

Für das Würzmehl

- 150g Mehl
- 1 EL Zwiebelpulver
- 1 EL Knoblauchpulver
- 1 EL edelsüßes Paprikapulver
- 1 TL Cayennepfeffer
- Salz und Pfeffer

Für die Sauce

- 3 Knoblauchzehen, geschält und zu einer groben Paste zerrieben
- 1 weiße Zwiebel, fein gehackt
- 1 Tasse Espresso (etwa 150 ml)
- 500g Sahne

1 Für das Gemüse den Speck in Pflanzenöl leicht anbraten und den Knoblauch zugeben. Alles so lange braten, bis es angenehm zu duften beginnt. Das Gemüse zugeben und anbraten, bis es etwas weich wird. Die Brühe zugießen, nach Geschmack salzen und pfeffern. Gemüse kurz fertig garen, dann abgießen und bei Bedarf mit Salz sowie Pfeffer nachwürzen.

2 Für das Püree die Kartoffeln in kochendem Salzwasser garen, bis man sie mit der Gabel zerdrücken kann. Abgießen, dann wieder in den Topf füllen, Sahne zugeben und aufkochen. Nun die Kartoffeln zerdrücken, dabei nach und nach Butter zugeben. Mit Salz und Pfeffer abschmecken.

© Simon Wheeler

3 Für das Würzmehl Mehl, Zwiebelpulver, Knoblauchpulver, Paprikapulver, Cayennepfeffer, etwas Salz und Pfeffer mischen. Kurz vor dem Anbraten die Steaks im Würzmehl wenden, überschüssiges Mehl abklopfen. Die Eier mit 250 ml Wasser verquirlen. Die bemehlten Steaks durch die Eiermischung ziehen, anschließend erneut im Würzmehl wenden. Eine Pfanne bei mittlerer Hitze erhitzen und die Steaks darin von jeder Seite 2 Minuten anbraten, bis sie gebräunt und knusprig sind. Die Steaks aus der Pfanne nehmen und zugedeckt ruhen lassen.

4 Die Pfanne auswischen. Für die Sauce Knoblauch und Zwiebel in die Pfanne geben und bei mittlerer Hitze weich werden lassen. Espresso zugießen und fast vollständig verdampfen lassen. Nun die Sahne und 600 ml Wasser zugießen. Einköcheln lassen, bis die Sauce auf der Rückseite eines Holzlöffels haften bleibt. Die Steaks mit Gemüse, Püree und Sauce servieren.

Für 4 Personen

PFEFFERSTEAK VOM RIND

von Thierry Laurent

Die Zutaten eines Pfeffersteaks hängen von den Vorlieben des Kochs ab: Manche nehmen Sahne, andere Kalbsfond und/oder Cognac.

ZUTATEN

- 4 Rinderfiletsteaks (à 220 g), schön durchwachsen
- 1 guter Schuss Olivenöl + Öl zum Einreiben
- 2 gute Handvoll schwarze und weiße Pfefferkörner, zerstoßen (nicht gemahlen)
- 1 kleines Stück Butter, zum Braten
- 200 g Sahne
- Meersalz
- frisch gemahlener Pfeffer

1 Die Rinderfiletsteaks 1 Stunde vor dem Zubereiten aus dem Kühlschrank nehmen, damit sie Zimmertemperatur annehmen können. Mit etwas Olivenöl einreiben, dann in den Pfefferkörnern wenden. Nur Mut – im Idealfall sollen die Steaks von einer Pfefferschicht bedeckt sein. Die Körner ruhig ins Fleisch drücken, damit sie besser haften.

2 Das Öl in einer für die Filets genügend großen Pfanne erhitzen. Zuerst das Fleisch, danach die Butter in die Pfanne geben. Die Temperatur etwas erhöhen, da die Pfanne nach Zugabe des Fleisches abgekühlt ist.

3 Wenn die Pfanne wieder die richtige Temperatur erreicht hat, die Wärmezufuhr wieder reduzieren, damit die Steaks nicht anbrennen. Sie sollen in der Pfanne leicht brutzeln, die Öl-Butter-Mischung soll schaumig sein. Die Filetsteaks nicht bewegen: sanft braten lassen und nach 3–4 Minuten wenden, damit die Kruste schön bräunt.

4 Sind beide Seiten angebraten, die Ränder der Steaks genauso bräunen. Bei 220-Gramm-Steaks rechnet man 8–10 Minuten Bratzeit, wenn sie blutig, 10–12 Minuten, wenn sie rosa und 12–14 Minuten, wenn sie durchgebraten sein sollen. Anschließend aus der Pfanne nehmen und auf einen vorgewärmten Teller legen.

5 Das Öl aus der Pfanne gießen und Sahne zugeben. Aufkochen und 30 Sekunden bis 1 Minute kochen lassen. Die Pfanne vom Herd nehmen. Die Sauce mit Meersalz sowie frisch gemahlenem Pfeffer abschmecken und über die Steaks gießen. Mit einer Schüssel Pommes frites und einem grünen Salat servieren.

© Sam Stowell

Für 6 Personen

MARINIERTES FLANK STEAK AUF TORTILLAS

von Adam Perry Lang

ZUTATEN

- 6 Flank Steaks (aus dem Rinderlappen, à 300g)
- 12 Weizentortillas

Für die Marinade

- 250ml frisch gepresster Orangensaft
- 125ml frisch gepresster Limettensaft
- 2 EL Honig
- 1 EL Sojasauce
- 1 kleine Zwiebel, gerieben
- 10 Knoblauchzehen, gerieben
- 1 TL Cayennepfeffer
- 1 TL gemahlener Kreuzkümmel
- 1 TL getrockneter Oregano
- 125ml Pflanzenöl
- Salz und frisch gemahlener Pfeffer
- Meersalz, zum Bestreuen

Für die aromatisierte Butter

- 8 EL zerlassene Butter
- Blätter von 1 kleinen Bund glatte Petersilie
- 1 EL frisch gepresster Zitronensaft
- 1 EL Worcestersauce
- 4 Knoblauchzehen, fein gehackt

Für die Würzmischung

- 2 EL Chilipulver
- 1 EL Knoblauchsalz
- 1 EL Zitronenpfeffer

Für den Salat

- 2 rote Paprikaschoten
- 2 weiße Zwiebeln, in 1cm dicke Ringe geschnitten
- 4 Frühlingszwiebeln, geschält und gehackt
- 1 EL Zitronensaft
- 2 EL natives Olivenöl extra
- Blätter von je 1 Zweig Majoran, Basilikum, Petersilie und Koriandergrün

1 Für die Marinade alle Zutaten mit etwas Salz in der Küchenmaschine mixen. Die Steaks auf eine Platte legen und mit der Marinade übergießen. Mindestens 3 Stunden marinieren (vorzugsweise 6 Stunden).

2 Für die aromatisierte Butter alle Zutaten mischen. Für die Würzmischung alle Gewürze mischen. Nach Geschmack frisch gemahlenen Pfeffer dazugeben und beiseitestellen.

3 Eine gusseiserne Grillpfanne bei starker Hitze erhitzen. Die Steaks aus der Marinade nehmen und mit Küchenpapier trocken tupfen. Mit der Würzmischung bestreuen und bei mittlerer Hitze von jeder Seite 6 Minuten braten, bis das Muster der Grillpfanne gut zu sehen ist. Nach jeweils 2 Minuten wenden und dabei jedes Mal mit Butter beträufeln. Die Steaks sollen zwar Grillstreifen haben, aber nicht verbrannt sein.

4 Für den Salat die Paprikaschoten in einer gusseisernen Grillpfanne oder über einer Gasflamme grillen, bis die Haut schwarz wird und Blasen bildet. In eine Schüssel legen, mit Frischhaltefolie abdecken und abkühlen lassen. Dann die schwarze Haut abziehen,

© William Meppem

Stielansatz, Samen und Scheidewände entfernen, anschließend Fruchtfleisch in Streifen schneiden. Mit allen anderen Salatzutaten in eine Schüssel legen und alles gut mischen.

5 Die Steaks quer zur Faser in Streifen schneiden, mit 1 winzigen Prise Meersalz bestreuen. Auf den Tortillas anrichten, Salat darüber verteilen und servieren.

Sie können die Tortillas auch separat reichen, bei diesem Rezept bilden sie jedoch für das Fleisch eine »Basis«, die den Bratensaft aufnimmt.

GESCHMORTES

Moorhuhn und Rebhuhn mögen die Königinnen des Federwilds sein, im Eintopf aber macht sich der bescheidene Fasan weit besser. Kombiniert mit Speck, Kräutern und einem guten Tropfen Alkohol ist dieses Fleisch einfach köstlich. Einige Edelkastanien dazu – und der Gipfel des Genusses ist erreicht.

Für 4 Personen

FASAN MIT EDELKASTANIEN

von Peter Begg

ZUTATEN

- 2 Fasane
- Mehl, zum Mehlieren der Fasane + 50g für die Bällchen
- Salz und Pfeffer
- 3 kleine rote Zwiebeln, geschält und gehackt
- 2 kleine Karotten, geschält und gehackt
- 1 Sellerieherz, gehackt
- 3 Knoblauchzehen, geschält und halbiert
- 1 EL Butter
- 200g Speck, in Scheiben, dann in Würfel geschnitten
- 6 frische Lorbeerblätter
- 300ml Madeira
- 50g Kastanienmehl
- 50g Schweineschmalz
- 1 Prise Backpulver
- 25g gekochte Edelkastanien
- geschmorter Rotkohl, zum Servieren

1 Die Fasanenkeulen abtrennen und auf Höhe der Gelenke teilen. Die Brustfilets und Flügel im Ganzen herausschneiden, Flügel halbieren. Es sollten nun insgesamt 16 Stücke sein. Die Karkassen beiseitestellen. In einer Schüssel einige Esslöffel Mehl mit einigen Prisen Salz und Pfeffer mischen. Die Fleischstücke darin wenden und einige Zeit darin »ziehen« lassen, damit das Mehl gut an der Haut haftet.

2 Den Fasanensud zubereiten. Dazu die Karkassen halbieren und mit einem Drittel der Gemüsestücke in einen Topf legen. Mit Wasser bedecken und aufkochen. 1 Stunde köcheln lassen, dabei Schaum und Stückchen, die an die Oberfläche schwimmen, abschöpfen. Die Brühe durch ein feines Sieb gießen und beiseitestellen.

3 Die Butter bei mittlerer Hitze in einem großen Schmortopf zerlassen. Die mehlierten Fleischstücke mit den Speckwürfeln zugeben und von allen Seiten anbräunen, eventuell noch etwas Butter zugeben. Das übrige Gemüse und Lorbeerblätter zugeben und anbraten, bis das Gemüse weich wird und sein Aroma entfaltet. Madeira zugießen und das Fleisch mit Sud bedecken. 45 Minuten leicht köcheln lassen, wenn sich die Flüssigkeit reduziert, erneut Sud zugießen.

4 Den Backofen auf 180°C vorheizen. Für die Kastanienbällchen Mehl, Kastanienmehl, Schmalz und Backpulver in einer Schüssel mischen und die Edelkastanien dazubröseln. Zwischen den Fingern zerreiben, bis die Mischung Paniermehl gleicht. 1 Prise Salz sowie Pfeffer zugeben und so viel kaltes Wasser, dass ein zusammenhängender Teig entsteht. Die Hände bemehlen und etwa 25 Bällchen in der Größe von Rosenkohl formen.

5 Den Eintopf in eine ofenfeste Form füllen. Die Bällchen darüber verteilen und hineindrücken. Mit einem Deckel oder Alufolie zugedekt 30 Minuten in den Backofen stellen, bis die Bällchen aufgegangen sind und die Flüssigkeit aufgesaugt haben. Den Fasan mit Rotkohl servieren.

Für 6 bis 8 Personen

RINDERSCHMOR-BRATEN MIT DUNKELBIER

von Peter Begg

Die saftige und schmackhafte Rinderhaxe hat ein unglaubliches Preis-Leistungs-Verhältnis!

ZUTATEN

- 3 kg Rinderhaxe, mit Knochen
- Olivenöl, zum Einreiben
- Salz und Pfeffer
- 3 Sellerieherzen
- Blätter von 1 kleinen Bund Estragon
- 6 rote Schalotten, geschält
- 1 Knoblauchknolle, halbiert
- 1 EL Tomatenmark
- 1 l dunkles Bier
- Püree und grünes Wintergemüse, zum Servieren

1 Den Backofen auf 200 °C vorheizen. Das Rindfleisch mit Olivenöl einreiben, mit Salz sowie Pfeffer würzen und in eine ofenfeste Form mit hohem Rand legen. Die Sellerieherzen putzen, bei Bedarf Fäden von den Stangen abziehen, anschließend die Herzen längs halbieren. Die Blätter entfernen, zusammen mit dem Estragon in Eiswasser legen und in den Kühlschrank stellen. Die Sellerieherzen, Schalotten und Knoblauch um das Fleisch legen und die Form in den Ofen schieben.

2 Nach 40 Minuten, wenn die Haxe Farbe angenommen hat, die Form aus dem Ofen nehmen. Das Fleisch herausnehmen und mit einem Löffel überschüssiges Fett aus der Form entfernen. Tomatenmark in die Form geben, anschließend die Haxe wieder in die Form legen und mit dunklem Bier begießen. Anschließend mit einem Deckel oder Alufolie zugedeckt wieder in den Ofen stellen.

3 Die Temperatur auf 180 °C reduzieren und 4 Stunden schmoren lassen, bis das Fleisch zart ist und sich vom Knochen löst. Nach der Hälfte der Zeit nachschauen und falls die Flüssigkeit zu sehr eingekocht ist, heißes Wasser nachgießen. Die Form aus dem Ofen nehmen und Deckel oder Folie abnehmen. Das Fleisch mit Bratensaft begießen, dann die Form weitere 10–15 Minuten in den Ofen stellen, damit der Saft einkocht und das Fleisch karamellisiert. Mit Sellerie- und Estragonblättern garnieren. Mit Püree und grünem Wintergemüse servieren.

© William Meppem

Für 4 Personen

GRATIN MIT CUMBERLAND-WURST

von Peter Begg

ZUTATEN

- 6 große Cumberland-Würste (oder andere rohe grobe Bratwurst)
- Olivenöl, zum Braten
- 10 längliche Schalotten, geschält
- 5 Zweige Rosmarin
- Salz und Pfeffer
- 1 großes Glas Rotwein (etwa 200 ml)
- 800 g stückige Tomaten (aus der Dose)
- 800 g Cannellini-Bohnen (aus der Dose)
- 2 Knoblauchzehen, geschält und in dünne Scheiben geschnitten
- 4 kleine getrocknete Chilischoten, grob gehackt
- 2 große Handvoll Paniermehl
- Bauernbrot, zum Servieren

1 Die Würste mit etwas Öl, den Schalotten, 2–3 Rosmarinzweigen und einigen Prisen Salz sowie Pfeffer in einen beschichteten Topf legen. Vorsichtig umrühren und bei mittlerer Hitze 20 Minuten braten, dabei in regelmäßigen Abständen rühren, bis alles gleichmäßig angebräunt ist.

2 Den Wein zugießen und leicht sprudelnd kochen lassen, bis er fast vollständig verdampft ist. Die Tomaten und Bohnen zugeben, aufkochen und 20 Minuten köcheln lassen.

3 Den Backofen auf 180 °C vorheizen. Die Wurstmischung in eine ofenfeste Form füllen und 10–15 Minuten im Backofen garen.

4 Inzwischen einen großen Topf bei mittlerer Hitze erhitzen. Etwas Olivenöl, Knoblauch, Chili, gehackte Nadeln des restlichen Rosmarins und Paniermehl zugeben. Alles unter regelmäßigem Rühren gut anbräunen. Das Wurstragout aus dem Ofen nehmen, mit der Paniermehlmischung bestreuen und weitere 20 Minuten in den Ofen schieben. Mit Bauernbrot und einem Glas Rotwein servieren.

Für 4 Personen

HÄHNCHENAUFLAUF MIT WILDPILZEN UND LIEBSTÖCKEL

von Peter Begg

ZUTATEN

- 6 mittelgroße Kartoffeln, mit Schale
- Salz und Pfeffer
- 2 große Handvoll gemischte Wildpilze
- 6 Hähnchenschenkel
- 2 rote Zwiebeln, geschält
- 4 Stangen Staudensellerie
- 4 Knoblauchzehen, geschält
- 2 EL Mehl
- einige Blätter Liebstöckel
- frisch geriebene Muskatnuss, nach Belieben
- etwas zerlassene Butter
- 1 Schwarzkohl, gekocht und mit Knoblauch und Chili geschmort, zum Servieren

1 Die Kartoffeln in einen tiefen Topf legen, mit Salzwasser bedecken und aufkochen. Leicht sprudelnd weich kochen, abgießen, dann abkühlen lassen. Wenn die Kartoffeln kalt sind, in knapp 1cm dicke Scheiben schneiden. Die Pilze mit einer Bürste putzen (oder in kaltes Wasser tauchen und in der Salatschleuder abtropfen lassen). Anschließend beiseitestellen. Die Haut von den Hähnchenschenkeln entfernen und aufheben. Das Fleisch vom Knochen lösen und grob würfeln, dann beiseitestellen.

2 Für die Brühe die Knochen mit 1 Zwiebel, 2 Stangen Sellerie und 2 grob gehackten Knoblauchzehen in einen kleinen Topf legen. Mit kaltem Wasser bedecken und aufkochen. 1 Stunde leicht köcheln lassen, bei Bedarf Schaum abschöpfen. Die fertige Brühe durch ein Trichtersieb abgießen und beiseitestellen.

3 Den Backofen auf 200°C vorheizen. Die Hähnchenhaut bei mittlerer Hitze in einen Schmortopf oder in eine Pfanne legen und das Fett schmelzen lassen, die Haut anschließend wegwerfen. Das Hähnchenfleisch in das heiße Fett legen, leicht mit Salz sowie Pfeffer würzen und unter Rühren leicht bräunen. Die übrige Zwiebel, übrigen Sellerie und Knoblauch fein hacken und 1–2 Minuten in der Pfanne anschwitzen. Die Pilze zugeben und braten, bis die gesamte Flüssigkeit verdampft ist, dann das Mehl unterrühren. Einige Löffel Brühe einrühren. Die Brühe soll zu einer Sauce eindicken und die Füllung gut überziehen. Falls die Sauce zu dickflüssig ist, etwas mehr Brühe zugeben. Einige Minuten köcheln lassen, bis es gut duftet. Mit Salz und Pfeffer abschmecken und Liebstöckel sowie Muskat untermischen.

4 Die Füllung in eine ofenfeste Pastetenform oder Pfanne geben und mit Kartoffelscheiben abdecken. Mit zerlassener Butter bestreichen, mit Salz sowie Pfeffer würzen und 30 Minuten in den Backofen stellen, bis die Oberseite gebräunt und knusprig ist. Den Auflauf mit dem Kohl servieren.

Für 4 Personen

GESCHMORTES WILDKANINCHEN

von Peter Begg

ZUTATEN

- 2 ganze Kaninchen, nach Möglichkeit Wildkaninchen
- 2 EL Senfpulver
- 2 EL Mehl
- Salz und Pfeffer
- 1 EL Butter
- 4 kleine Zwiebeln, geschält und halbiert
- 2 kleine Stangen Staudensellerie, gehackt
- 10 kleine Karotten, geschält
- einige Zweige Thymian
- 500 ml helles Bier
- ½ TL englischer Senf oder anderer scharfer Senf
- Bauernbrot und Endiviensalat mit Brunnenkresse, zum Servieren

1 Die Kaninchen zerteilen oder den Metzger darum bitten. (Falls Sie die Kaninchen im Supermarkt gekauft haben, ist das wahrscheinlich bereits geschehen, aber es sind mit großer Wahrscheinlichkeit gezüchtete Kaninchen, die zartes Fleisch haben, jedoch weniger schmackhaft sind.)

2 Vorderläufe und Schenkel jedes Kaninchens abtrennen und an den Gelenken halbieren. Jedes Kaninchen wenden, sodass der Rücken auf dem Schneidbrett liegt. Ein Tranchiermesser direkt unter dem Brustkorb ansetzen und mit einer hölzernen Teigrolle auf den Messerrücken schlagen. Das Kaninchen sollte damit in der Mitte halbiert und der Rücken vom Brustkorb abgetrennt worden sein.

3 Auf diese Weise auch die unteren Lendenwirbel und Becken am Ende des Rückens abtrennen. Brustkorb und Becken wegwerfen. Es bleibt ein rechteckiges, etwa 10 cm langes Stück vom Rücken. Dieses an der Wirbelsäule halbieren. Nun sollte jedes Kaninchen in 10 Stücke geteilt sein.

4 In einer großen Schüssel Senfpulver und Mehl mit einigen Prisen Salz sowie Pfeffer mischen. Alle Kaninchenteile gründlich in dieser Mischung wenden.

5 Die Butter bei mittlerer Hitze in einem großen Schmortopf zerlassen. Das Kaninchenfleisch zugeben und von allen Seiten gleichmäßig anbräunen, falls nötig mehr Butter zugeben. Zwiebeln, Sellerie, Karotten und Thymian zugeben und leicht anbraten, bis das Gemüse weich wird und der Duft den Raum erfüllt. Mit Bier begießen und so viel Wasser zugießen, dass alles bedeckt ist. Bei niedriger Hitze etwa 45 Minuten köcheln lassen, falls die Flüssigkeit verdampft ist, Wasser nachfüllen. Wenn das Fleisch gar ist, die Flüssigkeit leicht einkochen lassen. Den Senf einrühren. Mit Brot und Endiviensalat mit Brunnenkresse servieren.

Für 6 bis 8 Personen

MIT CIDRE UND ZIMT GESCHMORTER SCHWEINEBRATEN

von Peter Begg

Damit Fleisch gut braten kann, braucht es ausreichend Zeit im Ofen, um einen intensiven Geschmack und viel Charakter zu entwickeln.

ZUTATEN

- 2kg Schweineschulter, mit Schwarte und Knochen
- Salz und Pfeffer
- 2 Knoblauchknollen, Zehen abgetrennt
- 4 Stangen Zimt
- 12 Lorbeerblätter
- 200ml Apfelessig
- 500ml trockener Cidre + mehr Cidre, bei Bedarf
- Bratkartoffeln, zum Servieren

1 Den Backofen auf 200°C vorheizen. Das Schweinefleisch mit Salz und Pfeffer einreiben, in eine tiefe ofenfeste Form legen und 40 Minuten im Ofen braten, bis es Farbe annimmt.

2 Die Form aus dem Ofen nehmen. Das Fleisch herausnehmen und auf eine Platte legen. Überschüssiges Fett aus der Bratenform schöpfen. Das Fett aufheben und später die Kartoffeln darin braten. Nun Knoblauch, Zimt und Lorbeerblätter in die Form geben. Das Fleisch wieder in die Form legen und mit Essig und Cidre begießen. Mit einem Deckel oder Alufolie zugedeckt wieder in den Backofen stellen.

3 Die Temperatur auf 180°C reduzieren und das Schweinefleisch 3 Stunden schmoren lassen, von Zeit zu Zeit mit dem zurückbehaltenen Bratfett begießen. Bei Bedarf Cidre nachgießen.

4 Wenn das Schweinefleisch gar und die Schwarte knusprig ist, das Fleisch auf eine Servierplatte legen. Die Kruste aufbrechen und das Fleisch mit einer Gabel zerpflücken. Den Bratensaft mit Lorbeerblättern und Zimt über das Fleisch gießen. Mit Bratkartoffeln servieren.

In Griechenland wird der Stifado in der Regel mit Hilopites (traditionelle Eiernudeln) oder Orzo (reiskornähnliche Nudeln) serviert. Haben Sie diesen Eintopf einmal zubereitet und möchten auf seinen intensiven Geschmack nicht mehr verzichten, können Sie das Rindfleisch auch einmal durch Kalbfleisch oder Kaninchen ersetzen.

Für 4 Personen

STIFADO VOM RIND

von Andy Harris

ZUTATEN

- 1,5 kg Rinderschmorbraten (Bugstück oder Wade), gesäubert und in 7 cm große Stücke geschnitten
- 4 EL natives Olivenöl extra
- 24 Perlzwiebeln, ganz und geschält
- 4 reife Tomaten, enthäutet und grob gehackt oder 400 g stückige Tomaten (aus der Dose)
- 1 EL Tomatenmark
- Salz und frisch gemahlener Pfeffer
- Nudeln und Hartkäse wie Kefalotyri (in Griechenland viel verwendeter Käse), Pecorino oder Parmesan, zum Servieren

Für die Marinade

- 3 Knoblauchzehen, in dünne Scheiben geschnitten
- 2–3 frische Lorbeerblätter
- 1½ TL Pimentkörner
- 6 ganze Gewürznelken
- 1–2 Stangen Zimt
- 1 TL getrockneter Oregano
- 125 ml Rotwein
- 4 EL Rotweinessig

1 Das Rindfleisch in eine große, säurebeständige Form legen und die Zutaten für die Marinade dazugeben. Zugedeckt im Kühlschrank mindestens 6 Stunden, vorzugsweise über Nacht marinieren lassen.

2 Das Öl bei mittlerer Hitze in einem großen Topf erhitzen und die Zwiebeln darin 5 Minuten anschwitzen. Mit einem Schaumlöffel herausnehmen und beiseitestellen. In demselben Topf das Rindfleisch 8–10 Minuten von allen Seiten anbraten, die Marinade aufheben. Die Zwiebeln wieder mit in den Topf geben, Marinade, Tomaten, Tomatenmark und so viel Wasser zugeben, dass alles bedeckt ist. Kräftig salzen und mit frisch gemahlenem Pfeffer würzen. Aufkochen und 1½–2 Stunden schmoren, bis das Rindfleisch weich und die Sauce eingedickt ist. Stifado mit Nudeln und geriebenem Käse servieren.

© David Loftus

Für 6 Personen

KAPAMA MIT KALBFLEISCH

von Andy Harris

Eintopfgerichte nach Kapama-Art sind in griechischen Dörfern sehr beliebte Alltagsgerichte.

ZUTATEN

- 4 EL natives Olivenöl extra
- 2 kg Kalbsschulter, gesäubert und in 9 cm große Stücke geschnitten
- 4 Schalotten, gehackt
- 3 Knoblauchzehen, gehackt
- 1–2 Stangen Zimt
- 2–3 frische Lorbeerblätter
- 1 EL ganze Gewürznelken
- Meersalz, frisch gemahlener Pfeffer
- 660 g passierte Tomaten (aus dem Glas; Tomata Perasti d'Odyssea oder andere Sorte, siehe Kasten)
- Saft und Schale von 2 Bio-Orangen
- 1 kg Chantenay-Karotten oder eine andere kleine Karottensorte
- fester griechischer Joghurt, zum Servieren

Für den Würzspinat

- 1 kg Spinat, gewaschen und blanchiert
- 3 EL grobes Paniermehl (siehe Kasten)
- ½ EL Chiliflocken

1 Das Öl bei mittlerer Hitze in einem großen Topf erhitzen und das Kalbfleisch darin 8–10 Minuten von allen Seiten anbräunen. Schalotten, Knoblauch, Zimt, Lorbeerblätter und Gewürznelken zugeben. Alles unter ständigem Rühren 10 Minuten braten, bis die Schalotten weich werden. Kräftig mit Meersalz und frisch gemahlenem Pfeffer würzen.

2 Passierte Tomaten, Orangensaft sowie -schale, Karotten und so viel Wasser zugeben, dass alles bedeckt ist. Gut rühren, aufkochen und 1½–2 Stunden schmoren, bis das Kalbfleisch weich und die Sauce eingedickt ist. Den Spinat mit Paniermehl und Chiliflocken bestreuen. Den Joghurt und den Spinat zum Kapama servieren.

Tomata Perasti (erhältlich in spezialisierten Feinkostläden) sind sehr gute, griechische passierte Tomaten, die aus handverlesenen, reifen Tomaten zubereitet werden.
Für das Paniermehl Ciabattabrot toasten, abkühlen lassen und anschließend im Mörser zu grobem Paniermehl zerkleinern.

Dieses traditionelle griechische Rezept von den Ionischen Inseln und vom Peloponnes erstaunt immer wieder durch seinen typisch mediterranen Geschmack.

© Sam Stowell

Für 6 Personen

LAGOTO MIT LAMM

von Andy Harris

ZUTATEN

- 1 Knoblauchknolle, ungeschält
- 4 EL natives Olivenöl extra
- 2 kg Lammkeule, ohne Knochen, gesäubert und in 5 cm große Stücke geschnitten
- 6 Flaschentomaten, enthäutet und grob gehackt oder 400 g stückige Tomaten (aus der Dose)
- 1 EL Tomatenmark
- 1 TL getrockneter Oregano
- 1 EL getrocknete Minze
- Meersalz, frisch gemahlener Pfeffer
- Saft von 1½ Zitronen
- Pommes frites, zum Servieren

1 Die ganze Knoblauchknolle in einen Topf mit kochendem Wasser legen. 15–20 Minuten leicht sprudelnd kochen lassen, bis sie weich wird. Herausnehmen, auf Küchenpapier abtropfen und etwas abkühlen lassen. Alle Knoblauchzehen in einen Mörser drücken und zu einer groben Paste verarbeiten.

2 Das Öl bei mittlerer Hitze in einem großen Topf erhitzen und darin das Lammfleisch 5–7 Minuten von allen Seiten braun anbraten. Tomaten, Tomatenmark, Oregano, Minze und Knoblauchpaste zugeben und alles mischen. Kräftig mit Meersalz und frisch gemahlenem Pfeffer würzen. So viel Wasser zugießen, dass alles bedeckt ist. 1½–2 Stunden schmoren, bis das Lammfleisch weich und die Sauce eingedickt ist. 15 Minuten vor Ende der Garzeit den Zitronensaft unterrühren. Mit Pommes frites servieren.

© David Loftus

Für 6 Personen

SCHWEINEFLEISCH MIT LAUCH

von Andy Harris

ZUTATEN

- 4 EL natives Olivenöl extra
- 1,5 kg Schweinekeule, ausgelöst und in 6 cm große Stücke geschnitten
- 3 große Stangen Lauch, geputzt, gewaschen und in dicke Ringe geschnitten
- 1 große Zwiebel, in dünne Scheiben geschnitten
- 3 Stangen Staudensellerie, Fasern abgezogen, Stangen in dünne Scheiben geschnitten, Blätter zum Garnieren aufheben
- 1 TL getrockneter Oregano
- Meersalz, frisch gemahlener Pfeffer
- Reis oder Bauernbrot, zum Servieren

Das Öl bei mittlerer Hitze in einem großen Topf erhitzen und das Schweinefleisch darin 10 Minuten von allen Seiten braun anbraten. Lauch, Zwiebel, Sellerie und Oregano zugeben. Unter ständigem Rühren 8–10 Minuten braten, bis der Lauch weich wird. Kräftig mit Meersalz und frisch gemahlenem Pfeffer würzen. Das Fleisch mit Wasser bedecken und 1½–2 Stunden schmoren, bis es weich und die Sauce eingedickt ist. Mit Sellerieblättern bestreuen und mit Reis oder Brot servieren.

Für 6 Personen

RINDEREINTOPF MIT QUITTEN

von Andy Harris

Zu den köstlichen Aromen dieses Schmortopfes gehört der wundervolle Duft der karamellisierten Quitten und Zwiebeln.

ZUTATEN

- 4 EL natives Olivenöl extra
- 10 kleine rote Zwiebeln, halbiert
- 3 Knoblauchzehen, gehackt
- 2 Quitten, geschält, Kerngehäuse entfernt, Fruchtfleisch in Spalten geschnitten (siehe Kasten)
- 2 kg Rindfleisch (Bugstück oder Wade), in 8 cm große Stücke geschnitten
- 18 kleine Strauchtomaten oder 400 g Kirschtomaten
- 250 ml passierte Tomaten
- 1 EL Tomatenmark
- 1–2 Stangen Zimt
- 2–3 frische Lorbeerblätter
- 1 EL Pimentkörner
- 1 großes Glas trockener Rotwein (etwa 200 ml)
- Meersalz, frisch gemahlener Pfeffer
- gekochter Reis oder gekochte Nudeln, zum Servieren

1 Das Öl bei mittlerer Hitze in einem großen Topf erhitzen. Zwiebeln und Knoblauch darin 5–7 Minuten anschwitzen, bis sie weich werden. Mit einem Schaumlöffel herausnehmen und beiseitestellen. Die Quitten in den Topf geben und 5–7 Minuten anbraten, bis sie weich werden. Mit einem Schaumlöffel herausnehmen und beiseitestellen.

2 Das Rindfleisch in den Topf geben und 8–10 Minuten von allen Seiten anbraten. Zwiebeln und Knoblauch wieder in den Topf geben, dann Tomaten, passierte Tomaten, Tomatenmark, Zimt, Lorbeerblätter, Pimentkörner und Wein zugeben. So viel Wasser zugießen, dass alles bedeckt ist. Kräftig mit Meersalz und frisch gemahlenem Pfeffer würzen. Gründlich rühren, aufkochen und 1 Stunde schmoren. Quitten zugeben und vorsichtig unterrühren. Noch ½–1 Stunde köcheln lassen, bis das Rindfleisch weich und die Sauce eingedickt ist. Mit Reis oder Nudeln servieren

Legen Sie die vorbereiteten Quitten sofort in eine Schüssel mit z. B. Zitronensaft gesäuertem Wasser, damit sie nicht braun werden.

Für 8 Personen

TEXANISCHER CHILITOPF

von Adam Perry Lang

ZUTATEN

Für das Chili

- 50g ganze getrocknete Chilischoten, vorzugsweise Hatch-Chilis aus New Mexico, entkernt (weniger verwenden, wenn es weniger scharf sein soll)
- 2kg Rindfleisch (Bugstück), in 2,5cm große Würfel geschnitten
- Pflanzenöl, zum Braten
- Meersalz, frisch gemahlener Pfeffer
- 2 EL getrockneter Oregano
- 1 EL gemahlener Kreuzkümmel
- 60g Rohrzucker
- 1 weiße Zwiebel, in dünne Scheiben geschnitten
- 10 Knoblauchzehen, geschält und zerdrückt
- 600ml Geflügelbrühe
- 2 EL Apfelessig
- 1 EL feines Maismehl

Für die Maisküchlein

- 500ml Milch
- 250g Sahne
- 4 Eier, verquirlt
- 300g Maismehl
- 110g Mehl
- 100g Zucker
- 1 TL Cayennepfeffer
- 1 TL Natron
- ½ TL Backpulver
- 150g frische Zuckermaiskörner, in Wasser weich gekocht
- 250ml Frühlingszwiebeln, gehackt
- Pflanzenöl und Butter, zum Braten

»Ich habe ganze Chilischoten verwendet, um für das Püree eine gute Geschmacksgrundlage zu bekommen; Chili in Reinform sozusagen«, erklärt Adam. Die Maisküchlein sind eine Variante der in Texas ebenfalls sehr beliebten Maisfladen. Die Beilagen ergänzen das Hauptgericht und sorgen für ausgewogene Aromen. »Die Zwiebeln geben dem Gericht einen geschmacklichen Kick, der cremige Käse mildert wie Crème fraîche die Schärfe ein wenig ab.«

Zum Servieren

- gekochter Reis, warme Weizentortillas, geriebener Cheddar, rote Zwiebelringe, Chiliringe, Koriander

1 Die getrockneten Chilischoten mit 200ml warmem Wasser in eine Schüssel legen. Zugedeckt 15 Minuten ziehen lassen. Die eingeweichten Chilischoten in eine Schüssel geben und mit etwas Einweichflüssigkeit zu einer glatten, dickflüssigen Paste mixen.

2 Das Rindfleisch in einem heißen Bräter in etwas Pflanzenöl anbraten. Nach Geschmack mit Meersalz und frisch gemahlenem Pfeffer würzen. Alle Zutaten außer dem Maismehl mit 600ml Wasser in den Bräter geben. Bei niedriger Hitze 3½ Stunden schmoren, bis sich das Rindfleisch mit einer Gabel zerteilen lässt.

3 Inzwischen die Maisküchlein zubereiten. Milch, Sahne und Eier in einem Becher mischen. Beiseitestellen. In einer anderen Schüssel Maismehl, Mehl, Zucker, Cayennepfeffer, Natron

© Simon Wheeler

und Backpulver mischen. Mais und Zwiebeln zugeben. Die Eiermischung dazugießen und alles verrühren.

4 Den restlichen Esslöffel Maismehl mit 2 Esslöffeln Wasser mischen und zum Chili gießen, damit es andickt. Das Chili noch 10 Minuten köcheln lassen, die Konsistenz bei Bedarf mit Wasser oder Maismehl ändern.

5 Eine Pfanne bei mittlerer bis starker Hitze erhitzen. Etwas Pflanzenöl und Butter in die Pfanne geben. Den Maisküchleinteig schöpfkellenweise hineingeben und die Küchlein ausbacken, bis sie von beiden Seiten gebräunt sind.

6 Das Chili mit Maisküchlein, Reis, Tortillas, Cheddar, Zwiebelringen, Chili und Koriandergrün servieren und nach Belieben kombinieren.

Für 2 bis 3 Personen

HÜHNERSUPPE MIT KOKOSMILCH

von Abi Fawcett

ZUTATEN

- 2 Stangen Zitronengras, halbiert
- 4 cm frischer Ingwer, geschält und gehackt + gehackten Ingwer zum Servieren
- 4 Knoblauchzehen, geschält
- 2 lange rote Chilischoten, grob gehackt + gehackten Chili zum Anbraten
- 6 Kaffirlimettenblätter
- ½ EL Garnelenpaste
- 750 ml Kokosmilch
- 200 g Hähnchenbrust ohne Haut, in dünne Scheiben geschnitten
- Pflanzenöl, zum Braten
- 2 Schalotten, in Ringe geschnitten
- Erdnüsse
- 12 Mini-Maiskolben
- 60 g Enoki-Pilze, Stielende abgeschnitten
- 1 EL Fischsauce
- Saft von ½ Limette
- 2 EL Palmzucker, gerieben

1 Zitronengras, Ingwer und Knoblauch in einen Mörser geben und rasch zerkleinern. Diese Paste mit Chilischoten, Kaffirlimettenblättern, Garnelenpaste und Kokosmilch in einen Topf geben. Etwa 50 ml kaltes Wasser zugeben, aufkochen und bei niedriger Hitze 10–15 Minuten köcheln lassen. Vom Herd nehmen und abkühlen lassen, damit die Zutaten ihre Aromen an die Suppe abgeben. Durch ein feines Sieb in eine Schüssel umfüllen und die festen Bestandteile wegwerfen.

2 Inzwischen einen kleinen Topf mit Wasser aufkochen. Die Temperatur reduzieren, Hähnchenfleisch zugeben und 5 Minuten kochen lassen, bis es durchgegart ist. Abgießen.

3 In einer Pfanne bei mittlerer Hitze etwas Pflanzenöl erhitzen, die Schalotten zugeben und 2 Minuten anbraten, dann einige Erdnüsse zugeben. Etwas Chili zugeben und noch 1 Minute braten lassen, die Mischung anschließend auf einen Teller geben.

4 Inzwischen die Brühe wieder in den Topf gießen, Fleisch und Maiskolben mit in die Suppe geben und bei niedriger Hitze 5 Minuten köcheln lassen, bis der Mais gar ist. Die Pilze zugeben, anschließend mit Fischsauce, Limettensaft und Palmzucker abschmecken. Die Suppe in Suppenschalen füllen. In jede Suppenschale gehackten Ingwer, Erdnüsse, Schalotten sowie gebratene Chili verteilen und sofort servieren.

FISCH & CO

REZPETE

Makrele mit Blumenkohl • Forelle mit Schinken und Cidre • Schellfisch, Spinat und Ei • Ceviche vom Seebarsch mit Grapefruit • Fisch und Tomaten in Pergament gegart • Rotbarbe mit Tomaten und Oliven • Panierter Fisch, Röstkartoffeln und Sauce tartare • Fisch in der Salzkruste • Fischcurry • Panzanella mit Thunfisch • Lachs mit jungem Knoblauch und Tomaten • Salat mit gebratenem Lachs • Asiatischer Fischeintopf der Extraklasse • Gambascurry Malabar • Gegrillte Gambas mit sizilianischer Salsa • Krabben-Mais-Küchlein

FISCH & CO

Für 4 Personen

MAKRELE MIT BLUMENKOHL

von April Bloomfield

ZUTATEN

- 4 Makrelenfilets, mit Haut
- Salz
- Zitronensaft
- 1 rote Chilischote, gehackt

Für den Blumenkohl

- 3 EL Olivenöl
- 1 Blumenkohl, in große Röschen zerteilt (mit zarten Blättern, falls möglich)
- 3 Knoblauchzehen, halbiert
- 4 Sardellenfilets
- 400 g stückige Tomaten (aus der Dose)
- Meersalz, frisch gemahlener Pfeffer

1 Für den Blumenkohl in einem großen Topf das Öl erhitzen, Blumenkohl darin anbraten. Knoblauch und eventuell Blätter vom Blumenkohl zugeben und ebenfalls Farbe annehmen lassen. Die Sardellen zugeben und mitbraten, bis sie zerfallen. Die Tomaten zugeben und mit Meersalz sowie frisch gemahlenem Pfeffer würzen. So lange kochen lassen, bis der Blumenkohl weich ist.

2 Inzwischen die Makrelen salzen und mit der Hautseite nach unten in einer heißen Pfanne ohne Fettzugabe braten, bis die Haut knusprig ist. Die Pfanne vom Herd nehmen, der Fisch gart in der heißen Pfanne noch weiter. Den Fisch mit einem Pfannenwender vorsichtig wenden, mit etwas Zitronensaft beträufeln und mit Chili bestreuen. Mit dem Blumenkohlgemüse servieren.

Für 2 Personen

FORELLE MIT SCHINKEN UND CIDRE

von Andy Harris

© Sam Stowell

ZUTATEN

- 2 ganze frische Forellen, ausgenommen
- Salz und Pfeffer
- 1 dicke Scheibe Schinken, in dünne Streifen geschnitten
- 1 EL fein gehackte Petersilie
- Mehl, zum Wenden
- 1 Stück Butter
- 1 EL Olivenöl
- 1 Glas trockener Cidre (etwa 200 ml)

1 Die Forellen mit Salz sowie Pfeffer würzen und die Bauchhöhlen mit der Hälfte vom Schinken und der Petersilie füllen. Die Forellen vorsichtig in Mehl wenden. Bei mittlerer Hitze Butter und Öl in einer Pfanne erhitzen, die groß genug für beide Forellen ist. Die Forellen von jeder Seite in 5 Minuten gar braten und bräunen.

2 Cidre zugießen und alles 2 Minuten erhitzen, bis der Cidre sprudelnd kocht und einzukochen beginnt. Die Forellen mit dem restlichen Schinken und der restlichen Petersilie bestreuen. Auf Tellern anrichten und mit der Sauce aus der Pfanne begießen.

© Sam Stowell

Für 2 Personen

SCHELLFISCH, SPINAT UND EI

von Andy Harris

ZUTATEN

- 2 geräucherte Schellfischfilets (à 150 g)
- 2 Lorbeerblätter
- Milch, zum Pochieren
- 300 g Spinat
- Salz und Pfeffer
- frisch geriebene Muskatnuss
- 2 Eier

1 Den Schellfisch in einen flachen Topf legen, Lorbeerblätter und so viel Milch zugeben, dass die Filets bedeckt sind. Bei niedriger Hitze aufkochen. Zudecken, die Temperatur reduzieren und 5 Minuten leicht sprudelnd sanft köcheln lassen, bis der Fisch gar ist und sich leicht zerteilen lässt. Den Fisch aus der Milch nehmen, zudecken und warm halten.

2 Den Spinat so lange dämpfen oder in der Pfanne dünsten, bis er gerade gar ist. Überschüssige Flüssigkeit abgießen und kräftig mit Salz, Pfeffer sowie etwas Muskat würzen. Anschließend warm halten.

3 Inzwischen die Eier 3–4 Minuten in Wasser pochieren, darauf achten, dass sie nicht zu lange garen – das Eigelb soll noch flüssig bleiben. Fisch und Spinat auf Tellern anrichten und die Eier daraufsetzen.

Für 4 Personen

CEVICHE VOM SEEBARSCH MIT GRAPEFRUIT

von Jamie Oliver

ZUTATEN

- 500 g absolut frischer Seebarsch, geschuppt, ohne Gräten und filetiert
- Saft von 2 Zitronen
- 2 frische rote Chilischoten, entkernt und in 1 cm dicke Ringe geschnitten
- 1 Knoblauchzehe, gerieben oder fein gehackt
- Salz und Pfeffer
- 2 rosa Grapefruits
- 2 Fenchelknollen, geputzt und in dünne Scheiben geschnitten, Fenchelgrün aufheben
- Blätter von 1 kleinen Bund frische Minze
- natives Olivenöl extra, zum Beträufeln

1 Den Fisch in 1 cm breite Streifen schneiden und in einer Schüssel in den Kühlschrank stellen. In einer anderen Schüssel Zitronensaft, Chili und Knoblauch mit 1 Teelöffel Salz mischen. Auch diese Schüssel in den Kühlschrank stellen.

2 Von den Grapefruits die oberen und unteren Enden abschneiden, dann die Früchte vorsichtig schälen und in Spalten teilen. Die Spalten in eine weitere Schüssel legen, von einigen Spalten den Saft in die Schüssel pressen, von den restlichen die Haut entfernen.

Ceviche

Das Gericht Ceviche stammt aus Südamerika: Der Fisch wird aus dem Pazifik direkt an die Küste geliefert und in Cebicherias am Strand serviert. Der Fisch wird in dünne Scheiben geschnitten und mit Chilischoten, roher, fein geschnittener Zwiebel und auch mit gekochten Maiskolben und Süßkartoffeln gemischt. Die spanischen Eroberer führten Zitrusfrüchte in der Neuen Welt ein und sahen, wie die lokale Bevölkerung ihren Fisch mit Papayas und Chilis marinierte. Daraufhin probierten sie dasselbe mit Limetten. Diese Praxis verbreitete sich dann rasch in der Region. Für die Zubereitung von Ceviche mit Zitrusfrüchten und Kräutern eignen sich vor allem Plattfische wie Scholle, Rotzunge oder Barsch, gekochter Tintenfisch oder Riesengarnelen.

3 Kurz vor dem Servieren Fisch aus dem Kühlschrank nehmen und in der Schüssel mit Fenchelscheiben, Grapefruitspalten und dem Großteil der Minzeblätter mischen. Die Marinade umrühren und den Saft über den Fisch gießen. Vorsichtig mischen und nur 2½ Minuten marinieren.

4 Ceviche ganz einfach auf einer großen Platte servieren, mit den restlichen Minzeblättern und dem Fenchelgrün bestreuen. Mit etwas Olivenöl beträufeln und etwas Pfeffer darübermahlen.

Für 4 Personen

FISCH UND TOMATEN IN PERGAMENT GEGART

von Rodney Dunn

ZUTATEN

- 4 Weißfischfilets mit festem Fleisch (à 200g; z.B. Goldbrasse oder Kabeljau)
- 400g Tomaten (verschiedene alte Sorten), in 2cm große Stücke geschnitten
- 2 Knoblauchzehen, in dünne Scheiben geschnitten
- 4 Lorbeerblätter
- 3 Frühlingszwiebeln, in dünne Ringe geschnitten
- Meersalz, frisch gemahlener Pfeffer
- 2 EL natives Olivenöl extra
- 8 Basilikumblätter, gezupft oder in Streifen geschnitten

Fisch aus dem Backofen

Es ist wirklich ganz einfach, Fisch im Backofen zuzubereiten. Legen Sie Filetstücke von Fischsorten mit festem Fleisch (Kabeljau, Heilbutt oder Seeteufel) zusammen mit gehacktem Gemüse wie Fenchel, Zwiebeln oder Kartoffeln, mit Tomatenstücken, frisch gehackten Kräutern und Knoblauchscheiben in eine ofenfeste Form. Kräftig würzen, mit Olivenöl beträufeln, mit 1–2 Gläsern trockenem Weißwein begießen und ½ Zitrone darüber auspressen. Im vorgeheizten Backofen bei 180°C 20–25 Minuten fertig garen. Etwas abkühlen lassen und servieren.

1 Den Backofen auf 180°C vorheizen. Ein Stück Fisch in die Mitte eines großen Stücks Butterbrotpapier (oder Backpapier) legen. Mit Tomaten und Knoblauch belegen, 1 Lorbeerblatt und einige Ringe Frühlingszwiebeln zugeben. Nach Geschmack mit Meersalz und frisch gemahlenem Pfeffer würzen, mit Öl beträufeln und mit Basilikum bestreuen. Die Papierränder fest zusammenfalten und umknicken oder mit Küchengarn wie ein Bonbon zusammenbinden, sodass verschlossene Päckchen entstehen.

2 Mit den restlichen Zutaten weitere drei Päckchen vorbereiten. In eine ofenfeste Form legen und 15–18 Minuten im Backofen garen, bis der Fisch durch ist. Die Päckchen noch verschlossen auf Teller legen und sofort servieren. So kann jeder sein Päckchen selbst öffnen.

Für 4 Personen

ROTBARBE MIT TOMATEN UND OLIVEN

von Jamie Oliver

ZUTATEN

- 4 Rotbarben, geschuppt, Haut eingeschnitten
- Olivenöl, zum Einreiben
- 1 EL edelsüßes Paprikapulver
- Meersalz und Pfeffer
- 2 Bio-Zitronen
- 500 g neue Kartoffeln (nach Belieben)
- 50 g Kirschtomaten, einige davon halbiert
- 1 gute Handvoll schwarze Oliven, entsteint
- 3 Knoblauchzehen, fein geschnitten

1 Den Backofen auf 220 °C vorheizen. Die Fische mit Olivenöl einreiben und innen und außen mit Paprikapulver, Meersalz und Pfeffer würzen. Etwas Zitronenschale darüberreiben.

2 Nach Belieben die Kartoffeln in einem großen Topf mit Salzwasser aufkochen und darin 10–15 Minuten garen, bis sie gerade weich geworden sind. Dann abgießen.

3 Die Zitronen in Scheiben schneiden und zusammen mit Tomaten, Oliven, Knoblauch und gegebenenfalls Kartoffeln in eine ofenfeste Form legen. Den gewürzten Fisch darauflegen, mit Olivenöl beträufeln und 15 Minuten in den Backofen stellen, bis der Fisch durchgegart ist. Mit einem schönen grünen Salat und einem Glas gut gekühlten Weißwein servieren.

Für die kleinen »Krabben«

Panierter Fisch ist nicht die einzige Möglichkeit, wie man Kindern Fisch schmackhaft machen kann. Für **Fischküchlein** gekochten Lachs oder Weißfischfilet mit Kartoffeln, Frühlingszwiebeln und Crème fraîche zerdrücken, daraus Küchlein formen. Diese in Paniermehl wenden und goldbraun braten. Oder geben Sie zu einem **Kokos-Korma** einige Seelachsstücke. Haben Sie keine Angst, Gerichte für Kinder gut zu würzen, es genügt, den Chili etwas zu reduzieren. Sie können auch Weißfischstücke in einer Käsesauce kochen und dazu Erbsen servieren. Man kann auch gehackte Zwiebel, Sellerie und Fenchel mit Lorbeerblättern und Oregano anbraten. Eine Dose Tomaten dazugeben und alles 30 Minuten kochen. In den letzten 5 Minuten Fischfilets darauflegen und zum Schluss mit Zitrone beträufeln.

Eine Fischpastete ist ebenso köstlich und raffiniert. Gekochten Fisch zerpflücken (man kann auch Krabben und Muscheln dazugeben) und in einer ofenfesten Form mit gehackter Petersilie und einer hellen Sauce oder Tomatensauce mischen. Mit Püree bedecken und bei mittlerer Hitze überbacken.

Für 4 Personen

PANIERTER FISCH, RÖSTKARTOFFELN UND SAUCE TARTARE

von Georgie Socratous

ZUTATEN

- Salz
- 2 Süßkartoffeln
- Olivenöl, zum Beträufeln
- 100g Mehl
- 2 Eier
- 1 EL Milch
- 150g Paniermehl
- 400g festfleischiges weißes Fischfilet (z.B. Seelachs), ohne Haut

Für die Sauce tartare

- 1 Handvoll Kapern
- 1 Handvoll Cornichons
- 1 kleine Handvoll Petersilienblätter
- 150g Mayonnaise
- abgeriebene Schale und Saft von 1 Bio-Zitrone
- Salz und Pfeffer

1 Den Backofen auf 200°C vorheizen. Einen Topf mit Salzwasser aufkochen. Die Süßkartoffeln abbürsten, längs halbieren und in große Spalten schneiden. Die Spalten ins kochende Wasser legen und 5–8 Minuten blanchieren, bis sie gerade weich werden. Durch ein Sieb abgießen und trocknen lassen. In eine ofenfeste Form legen, mit Olivenöl beträufeln und würzen, dann bis zum Backen beiseitestellen.

2 Das Mehl auf einem Teller verteilen. Die Eier in einer kleinen Schüssel mit

© Dan Jones

der Milch verquirlen. Auf einem anderen Teller das Paniermehl mit 1 Prise Salz mischen. Die Fischfilets in ca. 2cm dicke Streifen schneiden. Die Streifen in Mehl wenden, überschüssiges Mehl abklopfen. Durch die Eiermischung ziehen und anschließend im Paniermehl wenden. Auf ein Backblech legen und 25–30 Minuten in den Backofen schieben, bis der Fisch gar und die Panade gebräunt ist. Gleichzeitig mit dem Fisch die Süßkartoffeln in den Ofen schieben – sie haben dieselbe Garzeit.

3 Für die Sauce tartare Kapern, Cornichons und Petersilie fein hacken und in einer Schüssel mit Mayonnaise mischen. Alternativ alles in der Küchenmaschine pürieren. Zitronenschale und -saft zugeben, gut mischen und nach Geschmack mit Salz und Pfeffer würzen. Mit dem panierten Fisch und den Röstkartoffeln servieren.

Für 2 Personen

FISCH IN DER SALZKRUSTE

von Andy Harris

ZUTATEN

- 500g Zitronensalz (Salz mit abgeriebener Schale einer Bio-Zitrone)
- 500g Chilisalz
- 2 Eiweiß
- 1 Seebarsch (550g), küchenfertig
- 1 Goldbrasse (550g), küchenfertig
- 2–3 Lorbeerblätter
- 2–3 frische Zweige Thymian
- Zitronenviertel und natives Olivenöl extra, zum Servieren

1 Den Backofen auf 200°C vorheizen. Das Zitronensalz in einer kleinen Schüssel mit 1 Eiweiß mischen, in einer anderen Schüssel das Chilisalz mit dem zweiten Eiweiß.

2 Die Hälfte jeder Salzmischung jeweils in der Hälfte einer großen, ofenfesten Keramikform verteilen. Die Fische darauflegen und mit der restlichen Salzmischung bedecken. Lorbeerblätter und Thymianzweige in das Salz stecken und die Form für 40 Minuten in den Backofen schieben.

3 Die Fische aus dem Ofen nehmen und einige Minuten abkühlen lassen. Mit einem Messer die Salzkruste aufbrechen und wegwerfen. Die Haut von den Fischen entfernen und das Fleisch von den Gräten lösen. Mit Zitronenvierteln und etwas Olivenöl servieren.

Für 8 Personen

FISCHCURRY

von Ginny Rolfe

ZUTATEN

- 1 Butternuss-Kürbis, mit Schale und in Stücke geschnitten
- 2 TL Kreuzkümmelsamen
- 2 getrocknete rote Chilischoten, fein gehackt
- Olivenöl
- Salz
- 2 TL braune Senfkörner
- 1 TL Bockshornkleesamen
- 2 TL gemahlene Kurkuma
- 15 Curryblätter
- 2 TL gemahlener Koriander
- 2 TL gemahlener Chili
- 1 großes Stück Ingwer, fein gehackt
- 4 Knoblauchzehen, fein gehackt
- 1 große Zwiebel, fein geschnitten
- 2 frische rote Chilischoten, fein gehackt
- 1,5 kg Tomaten, grob gehackt
- 800 ml Kokosmilch (aus der Dose)
- 4 TL Tamarindenpaste
- 16 große Riesengarnelen, mit Schwanz
- 800 g Seeteufel, ohne Haut und ohne Gräten, in 3 cm große Stücke geschnitten
- 4 Rotbarbenfilets, diagonal halbiert

Zum Servieren

- 1 großes Bund Koriandergrün, gehackt
- 1 frische rote Chilischote, in feine Streifen geschnitten
- einige frische Kokosnussraspel
- Limettenviertel
- Essiggemüse, grüne Bohnen, gekochter Reis oder Fladenbrot

1 Den Backofen auf 200 °C vorheizen. Den Kürbis in einer ofenfesten Form verteilen und mit Kreuzkümmel, den getrockneten Chilischoten, 2 Esslöffeln Olivenöl und etwas Salz mischen. 40 Minuten in den Backofen stellen, bis der Kürbis weich wird.

2 In etwas Olivenöl bei mittlerer Hitze Senfkörner, Bockshornkleesamen, Kurkuma, Curryblätter, Koriander und Chili unter Rühren rösten, bis sich die Aromen entfalten. Die Temperatur etwas reduzieren, Ingwer, Knoblauch, Zwiebel sowie frische Chili zugeben und weich braten. Tomaten zugeben, aufkochen und 10 Minuten leicht sprudelnd kochen lassen. Kokosmilch zugießen, Tamarindenpaste unterrühren und weitere 10 Minuten kochen lassen. Bis zu diesem Punkt kann man das Curry im Voraus zubereiten.

3 Kurz vor dem Servieren den Curry erneut aufkochen, bei Bedarf etwas Wasser zugießen. Die Riesengarnelen, Seeteufelstücke und Kürbis untermischen. Rotbarbenfilets darauflegen und alles zugedeckt köcheln lassen. Wenn der Fisch gar ist, alles auf einer Servierplatte anrichten, mit frischem Koriandergrün, Chili und Kokosraspeln bestreuen. Mit Limettenvierteln, knackigem eingelegtem Essiggemüse, in der Pfanne gebratenen grünen Bohnen und gekochtem Reis oder indischem Fladenbrot servieren.

Für 4 Personen

PANZANELLA MIT THUNFISCH

von Andrew Parkinson vom Fifteen

© Sam Stowell

ZUTATEN

- 1 Knoblauchzehe, halbiert
- 400 g altbackenes Bauernbrot, in Stücke zerpflückt
- 800 g gemischte Tomaten (unterschiedliche Größen und Farben), grob gehackt
- 1 rote Zwiebel, gewürfelt
- 30 g Kapern, gewaschen
- Blätter von 1 kleinen Bund Basilikum, große Blätter zerpflückt
- etwas natives Olivenöl extra
- Rotweinessig
- Salz und Pfeffer
- 4 Thunfischfilets (à 150–200 g)
- 4 TL Pesto (nach Belieben)

Dieser Sommersalat schmeckt mit gegrilltem Fisch oder Fleisch gleichermaßen köstlich.

1 Eine große Schüssel mit dem halbierten Knoblauch ausreiben, anschließend Brot, Tomaten, Zwiebel, Kapern sowie Basilikum zugeben und mischen. Einen guten Schuss Öl und Essig zugeben und kräftig mit Salz sowie Pfeffer würzen. Den Salat durchziehen lassen, währenddessen den Fisch grillen.

2 Eine gußeiserne Grillpfanne oder eine Pfanne bei starker Hitze erhitzen. Den Thunfisch würzen und leicht einölen. Von jeder Seite 3–4 Minuten grillen, je nach Dicke und gewünschtem Gargrad. Reichlich Panzanella auf vier Teller verteilen und Thunfisch darauf anrichten. Zum Schluss nach Belieben etwas Pesto darübergeben und mit Olivenöl beträufeln.

Für 4 Personen

LACHS MIT JUNGEM KNOBLAUCH UND TOMATEN

von Andy Harris

© David Loftus

ZUTATEN

- Olivenöl
- 1 Knolle junger Knoblauch, in dünne Scheiben geschnitten (alternativ 2 gehackte Knoblauchzehen und 1 in dünne Scheiben geschnittene Fenchelknolle)
- 1 Schale Kirschtomaten (etwa 250g), zerdrückt
- 4 Lachsfilets
- Salz und Pfeffer
- ½ Zitrone, in dünne Scheiben geschnitten
- 1 Handvoll Minze
- 1 Handvoll Dill, gehackt

1 Eine Pfanne bei mittlerer Hitze erhitzen und 1 großen Spritzer Öl hineingeben. Knoblauch darin anbraten, bis er weich wird und karamellisiert. Die Tomaten zugeben und weich dünsten.

2 In einer anderen Pfanne bei mittlerer Hitze etwas Olivenöl erhitzen. Den Lachs mit Salz sowie Pfeffer würzen und mit der Hautseite nach unten 3 Minuten anbraten. Die Filets wenden, Zitronenscheiben in die Pfanne geben und weitere 2 Minuten braten, bis der Lachs nach Wunsch gegart ist. Den Lachs auf Teller verteilen. Minze und Dill in den Bratensaft in der Pfanne mischen, über den Lachs gießen und servieren.

Für 8 Personen als Hauptgericht

SALAT MIT GEBRATENEM LACHS

von Jamie Oliver

ZUTATEN

- 800g Lachsfilet, geschuppt und ohne Gräten
- Salz und Pfeffer
- 1–2 Bio-Zitronen
- Olivenöl
- 2 Scheiben gutes, altbackenes Brot, zerpflückt
- 1 kleine Handvoll frische Basilikumblätter
- 5 EL hochwertige Mayonnaise
- 400g Dicke Bohnen, ohne Schale
- 1 Bund Meerkohl oder 260g Spinat
- 200g Meerfenchel oder junger Spargel
- natives Olivenöl extra
- 2 Handvoll gemischte kleine Salatblätter (z.B. Brunnenkresse, Rucola, Löwenzahn und Sprossen)
- Zitronenspalten und warmes Brot, zum Servieren

1 Den Backofen auf 180°C vorheizen. Den Lachs mit Salz, Pfeffer und abgeriebener Zitronenschale würzen. Mit Olivenöl sowie dem Saft von ½ Zitrone beträufeln und mit den Händen in den Fisch reiben. Zwei Lagen Alufolie in eine Tonform legen und den Lachs in die Mitte legen. Die Ränder verschließen und die Päckchen 20 Minuten in den Backofen schieben. Anschließend aus dem Ofen nehmen und 20 Minuten ruhen lassen.

2 Das Brot mit etwas Olivenöl, Salz und Pfeffer in eine Küchenmaschine geben. Zu groben Bröseln zerkleinern, in eine Form legen und 10 Minuten im Backofen leicht bräunen.

3 Die Basilikumblätter zerkleinern und mit etwas Zitronensaft unter die Mayonnaise mischen.

4 Die Bohnen und den Meerkohl in einen Topf mit kochendem Salzwasser geben und 2 Minuten kochen. Den Meerfenchel zugeben und 1 Minute mitkochen. Werden Spargel und Spinat verwendet, den Spargel zusammen mit den Bohnen kochen und den Spinat in den letzten 30 Sekunden zugeben. Das Gemüse abgießen und auf einem Teller abkühlen lassen. Mit Olivenöl, Zitronensaft, Salz und Pfeffer würzen.

5 Sobald alles fertig ist, das Fischpäckchen öffnen und kleine Lachsstücke auf jedem Teller verteilen. Nach Geschmack würzen, mit etwas Zitronensaft beträufeln, anschließend einen großen Löffel Basilikummayonnaise in die Mitte geben. Mit Brotbrösel bestreuen. Das abgekühlte Gemüse mit Salz und Pfeffer abschmecken. Mayonnaise zugeben.

6 Die Salatblätter mit Olivenöl und etwas Zitronensaft anmachen, anschließend 1 gute Handvoll auf dem Meergemüse verteilen. Sofort mit Zitronenspalten und warmem Brot servieren.

KRUSTEN- UND SCHALENTIERE

Für 4 Personen

ASIATISCHER FISCHEINTOPF DER EXTRAKLASSE

von Jamie Oliver

ZUTATEN

- 300–350 g Jasmin- oder Basmatireis
- dünn abgeschälte Schale und Saft von 2 Bio-Limetten
- 1–2 EL Sesamöl
- 400 ml Kokosmilch
- 250 ml Bio-Hühnerbrühe
- 5–6 getrocknete Vogelaugenchilis
- 4 Langusten
- 400 g Seeteufel, in 1 cm dicke Scheiben geschnitten
- 8 Kammmuscheln oder 4 Jakobsmuscheln, halbiert
- Sojasauce
- Salz und Pfeffer

Für die Gewürzpaste

- 2 daumengroße Stücke Ingwer, geschält
- 8 Limettenblätter
- 2 milde rote Chilischoten
- 4 Knoblauchzehen
- 2 Stangen Zitronengras
- 1 kleines Bund Koriandergrün
- 1 gestrichener TL mildes Chilipulver
- 2 EL Erdnussöl

1 Für die Gewürzpaste alle Zutaten in einen Mörser oder eine Küchenmaschine geben und zu einer dickflüssigen, aromatischen Paste verarbeiten.

2 Einen großen Topf mit Wasser aufkochen. Den Reis unter fließendem Wasser in einem Sieb ca. 1 Minute waschen, bis das Wasser klar bleibt (das verhindert, dass die Reiskörner zusammenkleben). Die Limettenschale zusammen mit dem Reis ins kochende Wasser geben und warten, bis die Reiskörner aussehen, als würden sie tanzen. Von dem Moment an den Reis 5 Minuten kochen lassen, anschließend durch ein Sieb abgießen. Wieder Wasser 2,5 cm hoch in den Topf füllen und erneut aufkochen, dann leicht sprudelnd kochen lassen. Den Reis im Sieb mit Alufolie abdecken und das Sieb 8–10 Minuten über den Topf hängen. Nach 8 Minuten probieren, der Reis sollte jetzt servierfertig sein.

3 Inzwischen einen anderen großen Topf bei mittlerer Hitze auf den Herd stellen. Das Sesamöl hineingeben, dann die Gewürzpaste 1–2 Minuten darin anbraten, um die Aromen freizusetzen. Kokosmilch, Hühnerbrühe und Limettensaft zugießen. Alles gut mischen, getrocknete Chilis zugeben, aufkochen und die Temperatur reduzieren. Die Mischung leicht sprudelnd 5 Minuten köcheln lassen, dann Langusten zugeben und 3 Minuten mitgaren. Nun Fisch und Muscheln zugeben und weitere 3 Minuten köcheln lassen. Einige Spritzer Sojasauce zugeben und nach Geschmack mit Salz sowie Pfeffer würzen. Der Fisch braucht nicht lange, bis er gar ist, sobald also die Langusten rot und die Schwänze eingerollt sind, den Topf vom Herd nehmen.

4 Etwas Reis in jede Schale geben und mit Fischeintopf auffüllen. Auf jede Schale eine Languste, einige schöne Fischstücke und Muscheln verteilen. Achtung vor den getrockneten Chilis!

Für 2 Personen

GAMBASCURRY MALABAR

von Deep Mohan Singh Arneja

ZUTATEN

- 4 EL Kokosöl (oder Pflanzenöl)
- ½ TL schwarze Pfefferkörner
- ¼ TL Bockshornkleesamen
- 1 EL frisch gehackter Ingwer
- 12 frische oder getrocknete Curryblätter
- 3 kleine rote Zwiebeln, fein gehackt
- 1 TL gemahlener Chili
- 1 EL gemahlener Koriander
- ¼ TL gemahlene Kurkuma
- 150 g Tomaten, gehackt
- 1 EL Kokumpulver (*Garcinia indica*, eine indische Frucht, oder 20 g Tamarindenmark)
- Salz
- 12 rohe Riesengarnelen (Gambas), geschält
- 400 ml Kokosmilch
- 2 getrocknete rote Chilischoten
- gekochter Basmatireis, zum Servieren

1 In einer Pfanne 3 Esslöffel Öl erhitzen. Kurz bevor es anfängt zu rauchen, die Hälfte der Pfefferkörner, Bockshornkleesamen, Ingwer und die Hälfte der Curryblätter zugeben. Unter Rühren einige Sekunden anbraten, dann Zwiebeln zugeben und bei mittlerer Hitze gut braun braten.

2 Chili, Koriander und Kurkuma hinzufügen und ein paar Sekunden rühren. Tomaten und Kokum (oder Tamarindenmark) zugeben. Köcheln lassen, bis die Mischung etwas eindickt und sich das Öl von der restlichen Sauce trennt. Einige Esslöffel Wasser einrühren, damit die Sauce wieder die richtige Konsistenz erhält, salzen und die Riesengarnelen hineinlegen. Köcheln lassen, bis die Riesengarnelen gar sind und die Flüssigkeit fast verdampft ist. Kokosmilch zugießen, erneut aufkochen, dann die Temperatur auf niedrige Hitze herunterschalten.

3 In einem anderen Topf 1 Esslöffel Öl mit getrockneten Chilis, restlichen Pfefferkörnern und Curryblättern erhitzen. Etwa 10 Sekunden anbraten, die Mischung anschließend zum Curry gießen. Mit Basmatireis servieren.

Für 4 Personen als Vorspeise

GEGRILLTE GAMBAS MIT SIZILIANISCHER SALSA

von Jamie Oliver

ZUTATEN

- 1 TL edelsüßes Paprikapulver
- 2 Knoblauchzehen, gehackt
- Salz und Pfeffer
- Olivenöl
- 16 große Riesengarnelen, geschält, der Länge nach eingeschnitten, Schwänze aber ganz lassen
- 1 großes Stück Butter
- Saft von 1 Zitrone
- 1 Handvoll Rosinen
- 1 Handvoll Pinienkerne
- 1 Bund frischer Dill oder Fenchelgrün

Für die sizilianische Salsa

- 300g rote Tomaten, entkernt und fein gehackt
- 2 Frühlingszwiebeln, fein geschnitten
- 1cm frischer Ingwer, fein gerieben
- 1 rote Chilischote, entkernt und fein gehackt
- Blätter von 1 kleinen Bund Koriandergrün, grob gehackt
- Saft von 2 Limetten
- Rotweinessig
- natives Olivenöl extra
- Salz und Pfeffer

1 Zuerst die Salsa zubereiten. Tomaten, Frühlingszwiebeln, Ingwer, Chili, Koriandergrün und Limettensaft in eine Schüssel geben. Mit Essig und Olivenöl beträufeln. Kräftig mit Salz und Pfeffer würzen. Noch mal abschmecken und eventuell nachwürzen, damit die Aromen im Gleichgewicht sind.

2 Paprikapulver und Knoblauch mit 1 großen Prise Salz sowie Pfeffer und 2 Esslöffeln Olivenöl mischen. Die Riesengarnelen in dieser Mischung gründlich wenden, damit sie alle Aromen aufnehmen. Eine kleine Pfanne bei starker Hitze erhitzen. Butter und etwas Olivenöl hineingeben. Sobald das Fett brutzelt, Garnelen und Zitronensaft zugeben. 2–3 Minuten anbraten, nach der Hälfte der Garzeit wenden, sodass sie von allen Seiten Farbe annehmen. Nun einige Rosinen und Pinienkerne zugeben. Den Großteil des Dills oder Fenchelgrüns klein zupfen und dazugeben. Noch etwa 1 Minute rühren, bis die Garnelen gar und fast karamellisiert sind.

3 Die Salsa auf einem großen Servierteller verteilen, mit einer Zange die Garnelen auf die Salsa legen und mit übrigen Rosinen und Pinienkernen bestreuen. Restlichen Dill oder Fenchelgrün klein zupfen und darüber verteilen. Alternativ dazu die Garnelen direkt in der Pfanne servieren und die Salsa separat dazu reichen.

Anstatt alle Zutaten für die Salsa per Hand zu hacken und klein zu schneiden, können Sie sie auch im Mixer zerkleinern, um Zeit zu sparen. Die Zutaten jedoch nicht vollständig pürieren: Gerade die Stückchen machen Charakter und Geschmack aus.

Für 2 Personen

KRABBEN-MAIS-KÜCHLEIN

von Andy Harris

ZUTATEN

- 300 g helles und dunkles Krabbenfleisch
- 2 Frühlingszwiebeln, fein gehackt
- 1 Chilischote, fein gehackt
- 3 EL Maismehl
- Körner von 1 Kolben Zuckermais
- Salz und Pfeffer
- etwas Mehl
- Pflanzenöl, zum Braten
- 4 EL Mayonnaise
- 2 EL Chilisauce
- Zitronenspalten, zum Servieren

1 In einer Schüssel Krabbenfleisch, Frühlingszwiebeln, Chili, Maismehl und Maiskörner mischen. Mit Salz sowie Pfeffer würzen. Aus dem Teig vier mittelgroße Küchlein formen und kurz im Mehl wenden.

2 Die Küchlein in Öl von jeder Seite 2–3 Minuten braten. Mayonnaise und Chilisauce mischen. Mit den Krabbenküchlein und Zitronenspalten servieren.

Krabbenfleisch

Diese Küchlein sind nur eine der vielen Verwendungsmöglichkeiten für Krabbenfleisch. Bereiten Sie beispielsweise klassische **Linguine al granchio** zu. Mischen Sie dafür dunkles und helles Krabbenfleisch mit einer einfachen Tomatensauce, bestreuen Sie alles mit Chili und Basilikum und mischen es unter die Nudeln.
Oder rühren Sie es unter einen Risotto. Am Ende der Garzeit dafür keinen Käse dazugeben, sondern Zitronensaft und Petersilie. Mischt man dunkles Krabbenfleisch in eine mit Safran und Fenchel aromatisierte Brühe, dickt sie mit etwas Sahne an, dann erhält man eine cremige **Bisque**, eine reichhaltige Suppe. Weißes Krabbenfleisch gemischt mit Olivenöl und Basilikum und in Avocadohälften gefüllt – fertig ist ein leichtes Mittagessen. Oder zerstoßene Fenchelsamen und getrocknete Chiliflocken in etwas Olivenöl anbraten, Krabbenfleisch daruntermischen und heiß auf Toastbrot genießen.
Sie können auch ganz einfach Krabbenfleisch mit Mayonnaise mischen und daraus ein köstliches **Sandwich** zubereiten.

REZEPTREGISTER

ZUTATENREGISTER

INHALT

AUTOREN

Jamie Oliver
S. 13, S. 14, S. 17, S. 18, S. 23, S. 25,
S. 65, S. 68, S. 78, S. 81, S. 85

Adam Perry Lang
S. 20, S. 26, S. 28, S. 32, S. 54

Thierry Laurent
S. 30

Peter Begg
S. 35, S. 36, S. 39, S. 40,
S. 43, S. 44

Andy Harris
S. 46, S. 49, S. 50, S. 51, S. 52,
S. 62, S. 63, S. 72, S. 77, S. 87

Abi Fawcett
S. 57

April Bloomfield
S. 61

Rodney Dunn
S. 66

Georgie Socratous
S. 70

Ginny Rolfe
S. 75

Andrew Parkinson
S. 76

Deep Mohan Singh Arneja
S. 82

BILDNACHWEIS

ORIGINALAUSGABE
Rezepte und Fotos aus *Jamie Magazine* veröffentlicht in Großbritannien

Chefredakteur: Andy Harris
Lektoratsleitung: Paul Dring
Herstellungsleitung: Adrienne Pitts
Lektoratsassistenz: Holly O'Neill
Redaktionssekretariat: Georgia Levy
Unter der Leitung von: Jamie Oliver

FRANZÖSISCHE AUSGABE

Leitung: Catherine Saunier-Talec
Lektroatsassistenz:
Emmanuelle Michon
Übersetzung: Nicole Seeman
Korrektorat: Sophie Schang
Cover- und Innengestaltung:
Nicole Dassonville
Realisation: les PAOistes

FÜR DIESE AUSGABE

Bereich Sondervertrieb
Nr. 2014-SS-012

Aus dem Französischen von:
Christa Trautner-Suder
Gesamtherstellung dieser Ausgabe:
bookwise GmbH, München

Druck: Polygraf Print spol. s r. o., Slowakische Republik

Besuchen Sie uns im Internet
www.dorlingkindersley.de

In dieser Reihe erschienen

jamie
& friends